序 一

这几年，因为种种机缘，儿子张子烨有了更多的机会学习西方的文化。自然而然地，我们父子俩对东西方文化的差异性有了一些探讨。

作为一个受传统教育长大的人，我对土地有着深刻的依恋，并对诞生于这片土地且绵延不绝的传统文化有着深切的热爱。我始终坚信，21世纪的中国，已不再是传统意义上的内陆国家，而是高度自信、日益走向世界舞台中央的超级大国。而实现这一梦想的核心竞争力，就是根植于历史之中的中华民族悠久、灿烂的文化。正如英国历史学家汤因比所推测的那样：将来统一世界的，一定不是西欧国家，也不是西欧化的国家，而是中国。因为在政治方面，两千多年来，除了极为短暂的时期外，中国政府一直拥有整体统一的局面。事实上，自公元前221年迄今，中国始终影响着整个世界。尽管西方在全球化方面具有重大而明显的成就，但中国仍然将在政治上统一世界，并且为世界带来共同的和平。

在深读《资治通鉴》之前，总以为汤因比的话有点夸张。及至深读之后，才认识到，所谓那些引以为傲的文化，归根到底是一种深层智慧的结晶。这种智慧，表面上看是一个个具体的为人处世的案例，但在骨子里，却是一种管理哲学，是千百年来，我们祖先对如何修己安人的深邃思考。这种思考，其实并不亚于当今所流行的一些西方的先进管理理论。正如张瑞敏所言："借来的火，点不亮自己的心灵。"如何借西方的先进理念，悟透老祖宗留下的东西，让它焕发生机，正是我们的使命和责任。于是，我和儿子就有了从管理学角度去解读传统经典的想法。

光有想法不行，还要付诸行动。好在，古人为我们留下的文化瑰宝数不胜数，《资治通鉴》无疑是其中之一。这部由北宋司马光主编的史书，以300多万字的宏大篇幅，记载了周威烈王二十三年（公元前403年）至五代后周世宗显德六年（公元959年）共16个朝代、1362年的治国理政的兴废得失。千百年来，围绕这部经典，产生过无数精辟的著述，我们之所以要尝试再解读，只是认为：所谓历史研究的价值，无非是在翻寻历史的旧事时，从中体悟到那些对今天最有启迪的东西。这恰如英国作家弗吉尼亚·伍尔夫在读书方面对人的劝告："不必听什么劝告，只要遵循你自己的天性，运用你自己的理智，得出你自己的结论，就行了。"我以为，这种由启迪所形成的结论，不求全面，不求深奥，只求在品读经典中，让我们感悟到古人的智慧，从而让自己在面对纷繁复杂的工作时，变得清澈一点。当然，如果能让读者产生一丝共鸣，那就更令人备感欣慰了。

自由之精神才是书籍内在的生命之气息。如同对《资治通鉴》的多样化理解一样，对管理内涵的理解，也是千姿百态的。作为一部凝聚中国传统管理智慧的传世之作，《资治通鉴》所呈现给我们的，自然是饱含中国文化特色、与中国人情事理密切相联的管理智慧。这种管理智慧，我个人以为可以简单地归结为三条：一是修己，即修炼好自己。就是儒家讲的"修身齐家治国平天下"，修身始终是第一位的。身之不修，又何以安天下？二是明道，即掌握好管理的门道。管理学大师德鲁克曾精辟地总结了管理的本质："管理是一种实践，其本质不在于知，而在于行，其验证不在于逻辑，而在于成果；其唯一的权威性就是成就。"管理是一种手段，更是一门艺术，只有不断学习实践，掌握其中道理，才能达到带领团队完成共同使命的目的。三是安人，即安定好他人。如何让被管理者心安，感到幸福、喜悦和详和，是衡量管理成效的重要标准，也是对管理者最为严峻的考验。

对应于这三点认识，我们从修己之学、明道之术、安人之法三个方面进行了回答。九堂课程，始于管理者的认清自我，终于管

《资治通鉴》管理课

全面解读资治通鉴中的管理精髓

详尽剖析 ◆ 修己之学 ◆ 明道之术 ◆ 安人之法

张立军 张子烨 著

历史是最好的教科书,历史是人类最好的老师。今天,要做好管理工作,既需要从细微处体察面对的一切,也需要站在更高的角度纵览人类文明的成果。只有将时间的纵轴和空间的横轴交汇,我们才能清醒地找准自己的位置,从而找准未来的方向。

中国商业出版社

图书在版编目（CIP）数据

《资治通鉴》管理课 / 张立军，张子烨著 . -- 北京：中国商业出版社，2019.12
ISBN 978-7-5208-0970-2

Ⅰ.①资… Ⅱ.①张…②张… Ⅲ.①《资治通鉴》- 应用 - 企业管理 Ⅳ.① F272 ② K204.3

中国版本图书馆 CIP 数据核字（2019）第 246351 号

责任编辑：孙锦萍

中国商业出版社出版发行
010-63180647 www.c-cbook.com
（100053 北京广安门内报国寺 1 号）
新华书店经销
北京市京东印刷厂印刷
＊
710 毫米 ×1000 毫米　16 开　15 印张　230 千字
2020 年 1 月第 1 版　2020 年 1 月第 1 次印刷
定价：49.80 元
＊＊＊＊
（如有印装质量问题可更换）

理者的容人之错，由内而外，贯穿了管理者从修炼自己、提升能力、超越自我，到紧扣组织目标、选人用人、强化有效执行以及如何校正偏差、激励部属直至安定人心的管理全过程，并相应选取了《资治通鉴》中最让我们心动的故事，进行分析与分享。

  这些年来，随着中国经济的快速发展，中华文化也伴随着全球化的步伐，走向世界。深受中华传统文化浸润的中国式管理，与深受西方文化熏陶的现代管理理论及实践，在跨国企业的本土化，中国企业的国际化经营，甚至国际交往中，有了很多正面碰撞与交流的机会。老祖宗的管理智慧中，有没有能够超越时空，放之东西方皆准的东西？有没有深谋远虑，早在西方现代管理学形成之前，就洞悉了管理精髓的东西？此外，有没有需要与时俱进、增强和改进的东西？对这三个问题的思考，也是引领我们学悟这部经典之作的一个主要动力。

  《资治通鉴》作为传统文化的经典，无疑是人类文明的一个载体。研读这部经典的过程，便是与人类伟大灵魂对话的过程，也是探寻人类文明宝藏的过程。然而，由于时代变迁，《资治通鉴》所使用的一些文字语言的含义发生了一些变化，特别是由于当代古文教育的缺失，使得要全面理解这本书的意思有一定难度。因此，我们力争用最通俗的语言进行表述，期待着对传统文化有兴趣的朋友，无论长幼，也无论来自东方还是西方，都比较容易理解。如果能够通过我们的努力，让品读《资治通鉴》和学悟管理智慧变得更加简单，这无疑是一件幸福的事情。

  历史是最好的教科书，历史是人类最好的老师。今天，要做好管理工作，既需要从细微处体察面对的一切，也需要站在更高的角度纵览人类文明的成果。只有将时间的纵轴和空间的横轴交汇，我们才能清醒地找准自己的位置，从而进一步找准未来的方向。我想，这也许是我们写本书的初衷吧。

张立军
2019 年 12 月

序 二

从上初中开始，在父母的启迪下，我对历史产生了浓厚兴趣。课余之外，我饶有兴趣地读了一些历史原著，比如《史记》《资治通鉴》等。那一个个生动有趣的故事，一段段饱含智慧的妙语，让我既对传统文化感到无比自豪，同时也产生很多疑惑：在中华五千年辉煌的文明史中，到底是什么原因，造就了交融并进的儒释道文化？还有那些战争，正义与邪恶，到底凸显出了怎样的人性？

时至今日，也许过去的所有成败、得失已经不再重要，但好奇心吸引着我，总想弄个明白。父亲也是个历史迷，虽然他工作很忙，和我在一起的时间不多，但只要有机会，对我提出的问题，总会耐心回答。后来，我想到了一个好主意：能不能和父亲一起阅读一本经典，系统破解我的困惑。于是，在母亲鼓励下，2016年初，我和父亲开始共同品读《资治通鉴》，并开启了本书的撰写工作。

我在人大附中上初中时，因各种机缘，迷上了模拟联合国（简称模联）。模联会议通常是以非真实的身份，在非真实的场景中，展示真实的世界议题。因此，参加模联会议的学生代表不仅要深入了解自己的祖国，还要对所代表的国家及世界的政治、经济形势有清晰的认知，这样才能作出令人信服的表达。我不仅参加了国内所有知名的模联会议，还担任了学校模联社团的学术领导，承担了模联会议的组织工作。因此结识了很多志同道合的国内外朋友，更加深刻地认识到：所谓国与国之间的冲突与误解，归根到底源自文化的差异和教育背景的不同。作为一名中国学生，我有责任和义务向外国朋友们讲解中国文化，促进大家了解和认识中国。而且，还要学会用大家都认可、好理解的方式去讲，这样，他们才容易接受。

初中毕业后，我先申请到美国读了一年高中，想开拓自己的国际视野，体验一份完全不同的学习和生活。一年后我又辗转回到国内，在UWC（世界联合学院）常熟校区完成高中学业。UWC常熟是非常适合我的学校，在这里，我既能遇见来自世界各地、五湖四海的国际同学，又能继续学习和传播传统文化。在这个国际大家庭，尽管同学们来自不同地方，有着不同的肤色，说着不同的母语，但大家都有一个共同的梦想——身体力行，推动世界的沟通、理解与和平。

我经常想起和父亲一起品读《资治通鉴》和撰写此书的初心：努力探索历史背后的奥秘，重现那不经意间拨动时空之弦的力量。因为，历史事件的基本表现形式是行为，在中国以封建大一统为主旋律的文明史中，历史事件背后的推手是管理，而影响管理的就是智慧，决定智慧的则是文化。理清了这个脉络，剩下的挑战，就是如何让我的国际朋友们，能够简洁方便地了解和理解中国传统文化及思维。庆幸的是，这几年国际化学习的经历，使我得以了解一些西方哲学、政治学及管理理论。更重要的是，我基本能够转换成西方思维来认识和理解我们中国的历史。

当然，《资治通鉴》包含的智慧浩如烟海，以我的年纪与有限的经历，肯定难以深刻理解每一个故事背后的智慧。但我愿竭尽所能去探索，撑一支长篙，继续向那青草更青处漫溯。

张子烨

2019年12月

目 录
Contents

第一部分 修己之学

第一课 如何认清自己——志于管好自我
004 加强自我管理的三条路径
017 成就卓越管理者的四种力量
021 王者的肚量
027 清醒认识人生的困境
034 争做天之君子、人之君子

第二课 如何提升能力——勤于学习自省
041 学习有奥妙
048 不妨学一些名士风流
052 欲成大事须反省

第三课 如何超越自我——勇于守正应变
059 为官避事平生耻
064 为而不争
070 功不可居
072 慎终如始
078 似水而行

第二部分　明道之术

第四课　如何紧扣目标——精于谋划统筹

086　打造共同愿景

092　团结才有力量

095　全力做好最重要的事

099　坚持亦有道

103　无为而治

第五课　如何选人用人——敢于不偏不倚

109　让志同道合的人有舞台

114　选人用人有窍门

119　由孝道看人品

125　轻视小人使不得

第六课　如何强化执行——善于上下合力

135　意气用事要不得

139　不以私意坏规矩

143　每临大事需静气

147　力戒上侵下职

150　不懂授权就得累死

154　以检查狠抓执行

第三部分 安人之法

第七课 如何校正偏差——慎于重奖重罚
166 信者人之宝
171 甚爱也应有余地
175 惩罚须慎用
180 宜安则安，宜止则止
183 力求天理国法人情的统一

第八课 如何激励部属——明于成人之美
188 激励的妙用
193 尊重每一名部属
197 抓住部属的心

第九课 如何安定人心——乐于容人之错
202 包容的力量
208 以坦诚换忠诚
214 留有余地才能让人心安
220 知人容人才能安人

226 **参考书籍**
227 **后　记**

第一部分 修己之学

"修身齐家治国平天下",是中国知识分子最基本的情怀。在最能体现中华民族人文情怀与价值追求的《论语》一书中,"修己以敬""修己以安人""修己以安百姓"等词句频频出现都足以说明,在先贤眼里修身是第一位的。管理就是修己安人的过程,作为一名管理者,要始终明白"己身不正,孰能正人"的道理。

第一课
如何认清自己——志于管好自我

　　卓有成效的管理者，一个鲜明特征，就在于他们非常了解自我，知道自己的长处和短处，懂得如何扬长避短。人的最大敌人是自我，而正确认识自我，时刻保持清醒的自我认知，则又难上加难，这也成为管理者如何修炼好自己的第一课。睿智的管理者，总能够洞悉人性的奥秘，放大自己的格局，强化自我管理，致力于保持对自我的清醒认知。

加强自我管理的三条路径

一说到管理,很多人首先想到的是怎样去管理别人,其实最重要的管理恰恰是如何管理好自己。孔夫子的"己所不欲,勿施于人"、庄子的"乘物以游心"、程朱理学的"存天理,灭人欲"等,从不同侧面都说明了这一道理。管理者作为一个自然人,他的管理行为不可避免地会受到情绪、身体状况的影响,而作为社会性存在的管理行为,则又要求他必须努力控制好自己,以便高效完成管理任务。

在《资治通鉴》中,既有许多善于管理自我,从而赢得人生成功的经验;也有一些不懂得怎样管理自我,放任妄为从而导致失败的教训。

公元25年的一个秋天,刚称帝不久的光武帝刘秀,便风尘仆仆地去拜访一位名叫卓茂的人。卓茂是谁?为什么刘秀急着去见他呢?

原来,卓茂是一个很善于控制自我的人,早年虽然只当过县令一级的小官,但他严于律己,宽以待人,为官一任,总是能把辖区治理得井井有条。他的管理秘诀其实很简单,就是以诚待人,仁爱恭谨。老百姓见他如此坦诚,当然也会诚信对他,正如程颐讲的"以诚感人者,人亦诚而应。"也正因为此,凡是他工作过的地方,社会风气都很好。

刘秀找到卓茂后,就委以重任,任命他为太傅,封"褒德侯",可谓是百官里的上公。刘秀是一个非常聪明的管理者,他深知,虽然自己打下了江山,但坐稳江山更难,而坐稳江山的关键,就需要凝聚一些德行出众的人,通过他们的感召力,让老百姓迅速接受新政权。而像卓茂这样的人,可以说是实现这一管理目标的不二人选。

这个故事，表面上看，似乎是在宣扬皇帝与大臣之间的知遇之恩，但从本质上说，这是卓茂严于自我管理的结果。卓茂作为一个基层官员，从没想到皇帝会委以重任。他只是认认真真做好本职工作，正因为心无旁骛地安心做事，才有了一个自己想都没有想到的好结局。

历史是个多面镜。既有如卓茂这样，清醒地认识自我，严格自我管理的人；也有一些自以为是，一朝权力在手，便放任自我、甚至无法无天的人。唐朝的李义府就是这样的人。

李义府有个诨名叫"人猫"，意为外表柔顺，内心凶狠。此人天生一副笑脸，"与人语，必嬉怡微笑，而狡险忌克，故时人谓义府笑中有刀。"

李义府虽然有一定的文化素养，但那个时代，有才华的人比比皆是，他入仕15年，也只做到监察御史这样的一个六品官。这时候的李义府，遇到不开心的事，尚能收敛一下。但高宗上台后，因为力保武则天登上皇后之位有功，一下子连升三级。自从有了皇后撑腰，他就变得更加有恃无恐了。

当上中书令后，李义府与自己的老上级——中书令杜正伦平起平坐。李义府仗着皇后的势力，根本不把杜放在眼里，一来二去，两人的矛盾便不可调和了。高宗也没办法，只好以二人不和为由，全部贬到外地。杜正伦惨死在贬谪途中，而李义府因为有皇后照应，很快再返宫中并兼任吏部尚书。

上天要使其灭亡，必先使其疯狂。回宫后的李义府更加狂妄放任了。给事中李崇德稍有不敬，他便逼其自杀，简直到了顺者昌逆者亡的地步，甚至连皇帝说的话都不放在眼里。最后，皇帝终于下定决心，斩杀了这个不知天高地厚的家伙。李义府之所以会疯狂到作死，就是在被权力、欲望、鲜花、掌声包围的时候，迷失了自己。

今天这个时代，到处充满了诱惑和选择。人之所以苦恼，并不在于没有选择，而是因为选择太多。很多时候我们只考虑到了自己，却在不经意间，轻易放弃了那些对自己而言最重要的东西。就如李义府那样,当权力如日中天的时候,觉得可以目空一切,为所欲为,却忘记了自己真正想要的是什么。

西方有一个非常流行的排名,叫国民幸福指数排名。在我们的邻国中,有一个纯粹的农业国,它虽经济收入奇低,但幸福指数却奇高。这个国家,就是不丹。与此相反,在日本、美国等发达国家,近几年来自杀率一直在高位运行。在自杀的人群中,不乏有很多所谓的成功人士如迈克尔·杰克逊等。自杀应该说是一种不幸福的极端表现。这就表明:幸福,并不必然与财富和地位有关,而是与每一个个体对生命的态度密切相关。

很多人,有聪明的大脑,傲人的成就,但很难正确地认识和控制自己,特别是在遇到挫折的时候,很容易情绪低落,萎靡不振,有的甚至做出傻事来。所以,国际社会现在通行一个观点,一个人要想成功和幸福,必须同时具备三个智商,即IQ(Intelligence Quotient)、EQ(Emotion Quotient)、AQ(Adversity Quotient),也就是智力智商、情绪智商和逆境智商。智力智商和情绪智商比较好理解,而逆境智商指的则是面对逆境时人所表现出来的智慧。逆境智商从大的方面来讲也可以归结为情商方面。在决定成功的因素中,智商只占20%的比例,而情商却占据80%的比例。其实,不独成功如此,一个人想获得幸福的人生也是如此。一个拥有高情商的人,肯定不会有太差的智商,并且与那些智商奇高而情商奇低的人相比,他更能够坦然面对前进中的各种曲折。"宠辱不惊,笑看庭前花开花落;去留无意,漫随天外云卷云舒",真正能够做到这种境界的人,会过得非常逍遥。

那么,管理者们又该如何在这纷繁复杂的世界中把握自我,不断提高自己的情商与智商,从而把每一天都过得幸福快乐呢?要做到这一点,就必须做好情绪、时间和健康这三个管理。

一、情绪管理

只要是人,在社会中生活,与各种各样的人和事打交道,就难免会产生情绪。一个人如果无法管理好自己的情绪,就容易受到外界环境的影响,因而无法稳定地朝着既定的目标前进。相反，一个人如果能够很好地管理自己的情绪，表明他的情绪智商就很高。他既不会随意发泄自己的情绪，给别人造成伤害，搞得人际关系很紧张；也不会过于压抑自己的情绪，从而让自己过得很郁闷。

对于情绪的认识，我们的老祖宗是很有研究的。孔子在《论语》中，提得最多的有两种情绪，一个是"怨"，一个是"耻"。他用这两种情绪，准确生动地阐明了他的思想。

"怨"，每个人都有受到委屈，心里感到不平衡的时候，这种情绪表现出来，就是"怨"。"怨"可能会向强弱两个方向发展。往强的方向发展，就是大怨，会滋生出"厌、愠、怒、恶"四种情绪。厌就是讨厌，愠就是生气，怒就是发怒，恶就是厌恶。往弱的方向发展，就是小怨，会滋生出"憾、悔、哀、戚"四种情绪。憾就是遗憾，没有遗憾就不会有怨恨。《论语·公冶长》曾记录子路说过的一句话："愿车马，衣轻裘，与朋友共，敝之而无憾。"意思是说，子路愿意将车子、马、衣服和皮袍与朋友一起共享，即使用坏了，也不会遗憾，没有遗憾自然也不会有抱怨了。"悔"的意思就是后悔，我们经常讲无怨无悔，可见悔与怨是紧密联系在一起的。哀是悲哀，《论语》中谈到的哀多与死亡有关，所以感受也比怨要深刻。戚是哀戚，比如"君子坦荡荡，小人长戚戚"，意思是说小人心里总是觉得别人欠他似的，心里有点闷，不太高兴。

"耻"，与怨相对，也可分为强的和弱的两个方向。耻往强的方向发展，就是有耻。有耻会怎么样呢？按孔子的说法，叫"知耻近乎勇"，意思是说知道耻辱的人是勇敢的。耻往弱的方向发展，就是无耻，无耻会怎么样呢？无耻会导致什么都不怕，什么都干得出来。孔子讲"君子有三畏，畏天命，畏大人，畏圣人之言"，意思是说，君子要敬畏天命，敬畏地位品行高的人，敬畏圣人的话。天命关乎信仰，大人关乎社会规范，圣人之言关乎思想权威。一个人有了这些敬畏，信仰就会有所皈依，行为就会有所规范，思想就会有一个中心。在此基础上活着，生活才会觉得有目的，人生才会感到有意义，一切的事业感、成就感，才会油然而生。相反，一个人如果没有这些敬畏，这些信仰、规范和中心，那就会肆意妄为，无视社会思想和行为规范，见利忘义，无所不为，无恶不作，因而是非常危险的。为什么会出现诸如三聚氰胺牛奶、苏丹红咸蛋，"范跑跑""躲猫猫"等匪夷所思的事件，喊出"我爸是李刚"等"豪言壮语"，归根到底，是这些人没有耻辱感，觉得没有什么可怕的，什么法律啊，制度啊，规定啊，情理啊，一切都可以搞定，所以什么都无所畏惧。有很多人讲，中国古代是没有宪法的。北京大学楼宇烈教授却认为，中国古代不仅有宪法，而且还执行得非常好，这个宪法，就是孔子的《论语》。这个宪法的纲，我们认为就是"三畏"。

　　孔子之所以提出"怨"和"耻"，是希望人们做到无怨和有耻。怎样做到无怨呢？孔子给出的方法很简单，就是读诗。因为诗"可以兴、可以观、可以群、可以怨"。人生不如意者十之八九，当理想追求无法实现时，人难免会怨天尤人。这时候，多读读诗就可以帮助我们提振精神，可以帮助我们冷静观察，可以帮助我们与人相处，可以帮助我们消解怨气，因为在诗中我们可以发现更多怀才不遇的人，想想我们的境况还远未到那个程度，以此来求得心理的平衡。当然，这只是孔子自己的想法，现在还有没有效得靠各人自己去体验。

　　其实，孔子这个人，一生充满波折，终其一生，不如意的时候要比如意的时候多得多。但是，孔子不愧为大家，能够很好地适应外部环境的变化，主动调整和管理好自己的情绪。

　　有这么一个故事，说孔子周游列国宣传自己的主张受挫后，心里闷闷不乐，听到老子的名声后，专门到洛阳向老子讨教。听完孔子的苦诉，老子说了这么一段话，说你惶惶如丧家之犬，苦苦寻求你所谓的理想十二年都不得，那是当然的。如果道是可以奉献的，那么，人们就没有不把它奉献给君王的。

　　停了一会，老子又说，听说富贵的人用钱财送人，有学问的人用言辞送人，我不算有学问的人，孔丘啊，看你大老远来的，我还是送你几句话吧，希望你记住：君子得其时则驾，不得其时则蓬累而行。意思是说，有机会的时候你就快马加鞭，好好干一番事业，没有机会的时候，你就修身养性，归野山林吧。老子说完这些话后，不再言语。孔子怅然若失，思考良久以后说了一句话："吾今日见老子，其犹龙邪！"神龙见首不见尾就是从这里来的。回到曲阜后，孔子一改过去比较失落的心情，乐呵呵地开始广收门徒，著书育人，成了儒学的开山圣祖。

当然，我们讲形势不好的时候，就归野山林，并不是自甘放弃，而是要"潜居抱道，以待其时"。这八个字很关键，出自黄石公送给张良的那本《素书》。个中深意，值得潜心揣摩，这里不再赘述。

众所周知，贯穿孔子《论语》始终的，不是告诉你什么是对的什么是错的，而只是告诉你判断对错的标准。你比如，父母在，不远游。父母健在的时候，做子女的要尽孝，所以不要远游。这是告诉孝的标准，并没有说远游不对。特殊情况下，为了生活，为了事业，也可以远游啊。但是要做到什么呢？要做到"游必有方"，为什么要这样做呢？要告诉父母你在哪里，免得他们牵挂啊，这讲的也是孝的标准。同样，不同的情绪也有不同的判断标准，孔子所讲的用读诗来认识和排解情绪，也只是他提出的一个标准。

人的情绪不仅是变化的，而且是可以计算的。心理学上有个情绪指数的说法，其计算公式为：

实现值 / 期望值 = 情绪指数

当实现值超过期望值的时候，情绪指数大于1；由于内心欲望得到满足，人的情绪就呈现兴奋状态，情绪指数就越大，人就越兴奋。相反，当情绪指数小于1，实现值比期望值小的时候，由于内心欲望没有得到满足，情绪就会呈现压抑状态，而且情绪指数越小，情绪就越低落。

依据情绪值从大到小，又大概可把人分为三种类型：

第一是自控型，即我的情绪我做主，可根据需要随时调整自己的情绪，绝不会轻易受外部环境的影响。

第二是无所谓型，这种人知道自己的情绪，但抱着一种无所谓的态度，逆来顺受，选择了承受而不去改变，以至表现出来要么很兴奋，要么很忧郁。堂吉诃德是个骑着马、到处找风车决斗的怪人，虽然屡经别人嘲笑，屡受挫折，也不为所动。他有一句名言：我知道我是谁。这句话说得很生动，因为知道自己是谁，要么不愿改变，要么我什么也改变不了，所以那就该怎么样就怎么样吧，一副无所谓的态度。

第三是漂浮型，即很容易受环境影响，在情绪中浮浮沉沉。这方面的典型该算是林黛玉了，看到风把花吹落了，也要怜伤半天，感叹"花谢花飞飞满天，红消香断有谁怜"。这种人，因为缺乏自控情绪的能力，因此需要很长时间来摆脱情绪影响，以至做事的效率不可能太高。

每个人在人生的某一特定阶段，都会明显地表现出其中的一种情绪特征。但也不是不能改变的，随着年龄、阅历的增长，特别在经历某些意外后，人的情绪类型都有可能发生较大改变。我们讲管理情绪，并不是说哪种情绪类型好还是不好，而是要通过有效的情绪管理，使其朝正确的方向发展，帮助我们时刻保持一种轻松愉快的心情，好好享受生命的每一天。那么，我们怎样做到对情绪的有效管理呢？这里有六种方法。

一是运动。在运动中，我们需要按照规则来操作，比如，踢足球、打篮球等集体运动都是很好的方式。通过与他人的互动，很容易让自己从不快中解脱出来。当然，单个的运动如跑步、游泳等也是很好的方式，但要给自己设定好目标、调整好呼吸，否则，可能造成动力不足、注意力不够集中从而难以很快从不良情绪中摆脱出来的问题。

二是听音乐。音乐是无声的语言。音乐让我们在聆听优美旋律的同时，会忘记原有的不愉快，让情绪随着音乐的情境起伏。人是不能活得太现实的，音乐恰好提供了这么一个途径。一些经典音乐特别是古典音乐，比如《命运交响曲》《海顿小夜曲》本身就是音乐大师心灵旅程的杰作。聆听这些优美的音乐，就仿佛身处那个美妙的意境，足以让人忘掉当下的不愉快。

三是好好地犒劳一下自己。很多女同志可能有这样的经历，碰到不高兴的事，就去逛商店，然后，狠狠地买下一点东西。有些东西，可能买了以后一辈子也用不着，她也会乐此不疲。为什么？因为通过买东西，可以获得一种满足感。其实，人在情绪低落的时候，尤其需要多关注一下自己，换个发型，买件新衣服，都不失为一种比较好的选择。

四是换一个角度思考。印度著名文学家泰戈尔有一句名言："我们把世界看错了，反说世界欺骗了我们。"同一个事物从不同的角度看结果绝不相同。当我们遇到不如意时，有时候真的需要一点阿Q精神，想一想"比上不足，比下有余"，想一想别人也不容易。站在他人的角度，综合考虑一下行为发生时的具体环境、客观原因及所产生的影响，努力去宽容别人，会看到有些事情可能真不是我们想象的那样。在对行为发生时的具体环境、客观原因及所产生的影响进行综合考虑的基础上，试着去宽容别人，宽容不是纵容，而是理性地容忍，能做到这一点，相信心里一定会平静不少。

五是力所能及地去帮助别人。我们经常说送人玫瑰，手留余香。通过帮助别人，我们会发现其实自己对别人也很重要。在帮助别人的过程中，我们会发现自己原来也很精彩，从而发现自己也是如此富有。

六是培育自己的信仰。孔子讲："自古皆有死，民无信不立。"信仰对我们的人生非常重要。所谓信仰，就是我们深信的、自己一生当中最重要的，甚至可以超越生命的一种思想。因为它超越了自己的生命，高于自己日常的生活，就像日月星辰在我们头顶上照耀着，使我们相信它而抬起头来仰望，因此叫作信仰。很多人正是因为心中缺乏坚定的信仰，才会在该坚持什么，该放弃什么的问题上彷徨，导致情绪摇摆不定。

有信仰的人不会孤独。世界上的几大宗教都有自己特殊的情绪排解方式，你比如，耶稣说："一天的苦，够一天受了""太阳下山前，要平息心中的愤怒。"所以，每一个基督徒晚上睡觉前都会祷告，把自己一天积累下来的情绪都排解掉。这种方式，佛教叫坐禅、冥想，一个懂得反省的人，心灵有所皈依，情绪也就不太会随着世俗的东西起起伏伏。

二、时间管理

有一个小故事：说有一个管理学教授，一天给同学们上课时，他拿出一个很大的敞口玻璃瓶，对大家说："我们来做个小实验。"说完，他从桌子底下拿出若干个拳头大小的石头装到瓶子里，直到与瓶口齐平，这时候他问大家，"装满了吗？"

同学们回答："装满了。"教授没吱声，从桌子底下又拿出一堆小砾石，放到瓶子里直到与瓶口齐平。这时候，他再问大家，装满了吗？有了第一次的教训，大家都回答："没有。"专家说："很对。"接着又从桌子底下拿出一堆沙子，同样装到了与瓶口齐平。最后，又拿出一瓶水，倒进了玻璃杯里，直到再也倒不进去了，教授开始问大家："这个故事告诉了我们什么？"

有个同学迫不及待地回答："告诉了我们只要肯努力，总可以挤出时间做更多的事。""不，"教授斩钉截铁地说："那不是它真正的意思，这个故事的真正意思在于：如果你不是先放大石块，那你就再也没有可能把它放到瓶子里了。"

在管理工作中，是不是经常会发生这样的情形呢？有时候，重要的、不重要的、紧急的、不紧急的，这些事情正好扎推在一起，弄得我们很难判断，少不了会出现把时间放在做那些不太重要且不太紧急的事情上面了，等到发现有更重要的事要做的时候，留给自己的时间已经不多了，所以只能马马虎虎去对付或者干脆往后推，领导不高兴，自己也很疲惫。怎样避免这种情形呢？管理学的四象限理论也许能有所帮助。

所谓管理的四象限理论，就是把日常工作按照重要紧急、重要但不紧急、紧急但不重要、不重要不紧急分为第一、二、三、四象限，进行分门别类的划分后，再根据每个象限的特点来确定该怎样做这些事。

那么，什么叫重要的事呢？重要的事，就是会给我们的工作和生活带来重大影响的事件。紧急的事，就是不做就会给我们带来麻烦的事件。需要说明的是，重要的事不一定是紧急的，紧急的事也不一定都是重要的。

哪些属于重要且紧急的事情呢？比如，工作中遇到的危机、有时间要求的工作计划、急迫的问题等。对这类事情，对付的办法只有一招："Do It Now"，马上就做。当然，我们也应该看到，紧急重要的事情往往会给人带来巨大的压力，加上人对目标的渴求是有惰性的，紧急重要的事情一个接一个，会导致人很疲惫，以至草草应付。同时，人都有躲避困难的潜在心理，一般会挑相对简单的事先做，结果就可能导致另外一些重要的事被耽误了。所以，作为管理者，应该尽可能避免让重要紧急的事扎堆出现。

哪些属于重要且不紧急的事呢？做工作规划、改进人际关系、提升某项素质等，这些都属于重要但不紧急的事。对付它的原则，就是"Draw It"，即定出做的时间。否则，久拖不做，重要不紧急的事就会变成重要紧急的事，让我们很被动。很多工作如果属于这个象限时，我们就会变得很从容。所以，这就提醒我们对一些重要工作提前做好计划和方案是多么的重要。

哪些属于紧急但不重要的事呢？比如，不速之客的来访、受邀参加与自己工作不是密切相关的会议等，对于这些事情，处理原则是"Delegate"，即授权别人去做。必要时请别人告诉一下自己结果就行。如果我们是被授权来处理这个事的，那就要讲一些技巧，比如，站着接待不约而来的来访者，告诉无聊电话的来电方："我正在办领导交办的一个重要事情，可否有空再联系。"

哪些属于不紧急不重要的事呢？某些电话、某些信件、浪费时间之事，对这些事，处理原则很简单："Don't Do It"。

每个人的时间都是有限的，通过有效的时间管理，特别是牢记上述介绍的4D原则，我们可以使生活与工作变得充实而高效。

三、健康管理

情绪管理探讨的是怎样做人，时间管理探讨的是怎样做事，健康管理探讨的是怎样做自己。"自己"是做人做事的根本，连自己的健康都保证不了，怎么谈怎样做人做事呢？

有一个很形象的比喻，说什么票子啊、车子啊、位子啊都是"0"，而健康则是"1"，没有这个"1"，再多的"0"也是

"0"。据一位长期从事保健工作的医生朋友讲,看了那么多领导,要做到健康,无非三条:第一,要有一个良好的心态;第二,要有合理的饮食;第三,要有适当的运动。这三点的核心,无非就是平衡。

(一)怎么吃

"民以食为天",吃得健康,是身体健康的基础。而要吃得健康,就得注意饮食的平衡:

1. 不能挑食。祖国医学把食物分为温、热、凉、平、咸、酸、苦、甘、辛以及补、泻等性味,不同的食物可以满足人体不同的需要,因此不能挑食。

2. 搭配要合理。主食和粗粮、荤食和素食、寒性和热性等食物,都要合理搭配,以求营养平衡。

3. 要控制食量。古人讲"要想身体好,三分饥来三分寒"。现代人生活节奏快,少不了应酬,很难控制食量,怎么办?可以学一学英国前首相撒切尔夫人的做法,在应酬结束后,尽可能地在第二顿不吃或只喝一杯果汁。

4. 进食时间要相对固定。尽量减少不按时进餐发生的频率。

5. 合理搭配生熟食。以熟食为主,生食为辅。

6. 杜绝高脂食品和含铅食品。

(二)怎么睡

睡眠对健康而言极为重要。有句诗叫"华山处士如容见,不觅仙方觅睡方"。对于怎么才能睡好,唐代的大医学家孙思邈曾一语中的:"凡眠,先卧心,后卧眼。"意思是说:要想睡得好,在睡前就得摒除一切喜怒哀乐,精神上尽量放松。

工作生活中免不了会有各种各样的压力,怎样做到放松呢?有条件的话,可以先散散步,清人龚自珍讲:"春夜伤心坐画屏,不如放眼入青暝。"意思是说,在夜间与其坐在房间里想不愉快的事,还不如到外面走走,去看看自然景色,仰望一下天空。当然,还有一些比较好的小良方,比如睡前用热水泡脚、喝杯热牛奶等,都不失为可行的好方法。

需要注意的是,现代人由于平时工作很辛苦,经常缺觉,一赶上休息天就大睡特睡，做一个"闷睡族"，但闷睡会严重影响消化功能、导致精神不振，这也是很多人睡多了以后反而感到更累的原因。其实，成年人正常的睡眠只需6~8小时，关键是做到按时入睡（多种资料表明，每晚10时是最佳入睡时间），按时起床，形成规律并持之以恒，相信每天都会神清气爽。

（三）怎么运动

生命在于运动，这是法国思想家伏尔泰对于生命运动规律的精辟总结。生命不息，运动不止。说起运动的好处，自然比比皆是。但是，运动也需要讲究方式方法，也需要讲究平衡。

运动可分为有氧和无氧运动。有氧运动是指在氧气充分供应的情况下进行的运动，包括步行、慢跑、游泳、跳健身操等，有氧运动能消耗体内脂肪，改善心肺功能，调节心理和精神状态。无氧运动是指肌肉在缺氧状态下进行的高速运动，如短跑、肌力训练、球类比赛等，无氧运动能够增强肌肉力量，提高身体的适应能力。运动方式分为个人运动和集体运动，这两种方式都各有特色，集体运动的好处在于：

1.可以既运动又交友；

2.可以保证健身质量；

3.主动参与率会比较高；

4.在运动中的交流是学习的好手段。

频率：以每周三次，每次30分钟为宜。周末集中做运动或每次运动量过大的做法都不是科学的。

怎样计算你的合理运动量？美国俄荷拉马州立大学的一位副教授经过多年研究，给出了一套公式，可以一试：

睡眠，每小时0.85分；静止活动如伏案工作、看电视等以每小时1.5分计；户外活动，慢跑每小时计6分，快跑计7分，游泳计8分，球类和田径运动计9分，骑自行车每小时计4分，做体操、跳舞每小时计3分；家务劳动每小时记5分。

当一天活动结束后，把上述分数加起来，如低于45分，说明运动量不够，如在45分~60分之间，说明运动量正合适，超过60分，则说明运动量过大。

关于运动的注意事项：根据每个人身体素质的不同，注意事项可能有很大不同，但都应该注意的是，不宜空腹锻炼，不宜在剧烈运动中立即停下来休息，不宜运动后立即洗澡，不宜带病坚持锻炼，身体不适时不宜坚持锻炼，运动量不宜过大等。

（四）怎么养心

心即心态，良好的心态与身体的健康密切相关。

有一个小故事：说古时候有一位国王，有一天梦见山倒了、水枯了、花谢了，便去找王后解梦。王后一听，说：坏了，大势不好，山倒了，指江山要倒；水枯了，指民众离心，民是水，君是舟，水枯了，舟也不能行了；花谢了，指好景不长了。国王听了，惊出了一身冷汗，从此患病不起且越来越重。后来，一位大臣听说了，极力争取见到了病榻上的国王，对他说：国王，恭喜您了，山倒了指从此天下太平；水枯了指真龙现身，国王，你是真龙天子啊；花谢了，说明要见果子啊。国王听了大喜，很快大病痊愈。可见，影响我们健康的，在很大程度上往往不是疾病本身，而恰恰是我们看待疾病的心态。

那么，怎样才能有一个良好的心态呢？美国梅奥临床医学院的克里埃根教授曾总结出世界上所有长寿人群的三大特征，无不与养心密切相关。这三个特征是：

1.有信仰。在内心中有一种强大的力量，始终对自己坚守的东西深信不疑。

2.相信精神世界的存在。这一点可以有多种理解方式，但广为接受的是"对生命终极目的的探索"：我们为什么而生？人生到底是为了什么？也就是试图从大量杂乱而混沌的现象中找寻事物的意义、目的和内在规律。

3.有社会关联感。他们大多数有长期的成年伙伴，如伴侣、朋友或同一个社区或团体的友人等。在遭遇危机或不如意的时候，正是这些人帮助他们走出了低谷。

这三个特征，和如何管理自己情绪的六个方法是一致的，只要真正做到了这些，健康与幸福就不会离我们太遥远。

成就卓越管理者的四种力量

司马光在《资治通鉴·唐纪》里，记述了许多杰出帝王将相的故事。无论是倜傥风流的唐太宗，还是敢于直谏的魏征、叱咤风云的郭子仪、老谋深算的房玄龄、杜如晦，他们都在自己的角色里创造了那个时代卓越的业绩，成就了自己辉煌的一生。所以有唐一代，才出现了贞观之治、开元盛世等令史家称颂、百姓怀想的盛景。应该说，盛世的出现，与这些卓越人士的奉献密不可分。其实，哪朝哪代，没有人不希望成功，只是因为条件限制和对成功理解标准的不同，才导致了完全不一样的人生。那么，通过《资治通鉴》，我们能感受到的是哪些力量，引领人们走向成功的呢？

一是格局的力量

记得中央电视台曾经播出过一个企业的广告词，叫心有多大，舞台就有多大。格局是什么？格局就是心，就是考虑和处理问题时的立足点和着眼点，就是眼光，就是胸怀，它决定着能够在多大的舞台上成就多大的事业。一个人考虑和处理问题时，是立足当前还是长远，是着眼小局还是大局，这是能否成就卓越的关键。如果凡事都只考虑眼前的那么一点点利益，坐井观天，是很难把事业做大的。

公元765年，回纥和吐蕃联军把唐军重重围困在泾阳。作为唐军主帅的郭子仪看到形势十分危急，便派出部将李光瓒游说回纥，希望能共同攻打吐蕃。回纥人曾世受唐朝恩典，且十分敬重郭子仪。听李光瓒转达完郭子仪的意思后，他们说："郭公真的在吗？如果郭公真的在的话，我们可以见见他吗？"

李光瓒回来后，马上向郭子仪禀报。郭子仪二话没说，跳上马就要去回纥军营。他的儿子郭晞死死拉住他说:"父亲,他们是虎狼,你是一国主帅,怎么能让自己成为敌人的口中之食呢?"

郭子仪回答说,现在国家正处于危难之际,如果我去说服了他们,兴许还有机会转危为安。说着,郭子仪就迈出了营门,大将们恳请派500名精兵随同保护,郭子仪大声说,我去当以真诚说之,你们此举只会害我。说罢便飞身上马,径直奔向回纥军营。

作为儿子和部下,面对不知底细的强敌,郭晞担心父亲,将士们担心主帅的个人安危,这也是天经地义的事。但作为主帅的郭子仪,却心系国家安危,早已把个人生死置之度外,这样的格局,恐怕是郭晞和其他将士们无法比肩的。

孔子讲,君子怀德,小人怀土。兵法讲,上兵伐谋,其次伐交,其次伐兵,其下攻城。大将们站的是"土"和"兵"的层次,而郭子仪站的是"德"和"谋"的层次,格局是多么的不同!正因为格局不同,考虑处理问题的方式也不相同,导致的结果也必不相同,这就是郭晞及其他部将始终难以超越郭子仪成就的一个重要原因。

二是勤奋的力量

再大的格局,如果没有勤奋作保障,也只是空中楼阁。越是伟大的事业,其艰难困苦的程度越是超乎想象,没有一点披荆斩棘、砥砺奋进的精神,是很难到达成功彼岸的。纵观《资治通鉴》的《唐纪》,凡是勤奋的皇帝如唐太宗、武则天、前期的唐玄宗,无不带来了辉煌卓越的盛世。相反,如果贪图享受,故步不前,如唐高宗李治和执政到后期的唐玄宗,无不带来事业的凋敝和生灵的涂炭。

隋末唐初时的李密,就是一个勤奋创业的典型。史载李密曾任隋炀帝的宫廷侍卫,生性灵活好动。一次值勤时,因左顾右盼被隋炀帝革职回了家。李密并不因此气馁,下定决心要奋发读书,干出一番事业。

有一年,李密准备去远方求学,考虑到路途遥远,便把《汉书》挂在牛角上,边走边看。当朝宰相杨素碰巧看到了这一幕,认为乱世之中居然有这么一个勤奋的人，实属难得，便引为奇才倾心相交。在杨素的帮助和自己的不懈努力下，李密果然做出了一番事业。

三是承受的力量

承受的力量就是我们承载生命中一切苦难的力量。在卓越之路上，成功总是与艰辛结伴而行，荣耀往往与责难相约而至。曾几何时，我们应对这些艰辛与责难的方式就是抱怨，为什么倒霉的总是我？为什么我做了这么多，还得不到应有的认可？其实，如果想明白了，那就是这些抱怨，除了证明自己的无能、让自己不开心外一无是处。任何人的生命中都有苦难，抱怨改变不了既定的事实，与其抱怨，还不如坦然接受它。一个人真正的强大，并不在于他获得了多大的成功，而在于他能够承受多大的苦难。

《资治通鉴·唐纪》里记载的大唐名臣颜真卿，就是一个不爱抱怨的人。他一生忠义，英名光耀古今，但人生的路上却充满了坎坷。唐明皇时，因遭杨国忠嫌恶，被贬为了平原太守。唐肃宗时，因不赞成在太庙设祭坛再次遭贬。唐代宗时，又因上书说祭器不整而被贬为峡州太守。唐德宗时，因不被宰相相容，又受贬斥。

面对人生的苦难，颜真卿没有丝毫抱怨。李希烈叛乱时，因不为当权者所容，被派去劝降。虽明知是不可为之事，却依然义无反顾前行，后被叛军所杀，以身殉国。颜真卿虽然身死，但他的行为却激励了天下忠良之士共赴国难，最终消灭了叛军。

唐朝的另一位名将郭子仪也是如此。平定安史之乱后，郭子仪功高震主，备受猜忌，但他始终无半点抱怨之气，一如既往忠心为国，成为令人景仰的中兴之臣。与之相反，曾与郭子仪出生入死，同为唐朝中兴立过不少汗马功劳的名将仆固怀恩，只因感觉朝廷封赏不公，一怒之下便起兵反唐，最后因众叛亲离而身首异处。

颜真卿、郭子仪为什么能成就伟业、备受世人尊敬，而仆固怀恩为什么会处处被动，最后被逼为反呢？一个很重要的原因，就在于颜真卿、郭子仪能够承受那些不能够改变的现实，用无悔的追求取代抱怨，从而成就了自己的卓越人生。

四是友善的力量

"上善若水""爱人者,人恒爱之"。友善的力量,包含宽容与助人两个方面,是真正的王道。

玄武门之变后,李世民取得了胜利,很多人主张要把太子李建成和其弟李元吉门下的所有幕僚都杀掉。李世民听从尉迟敬德的建议,不仅赦免了李建成和李元吉的部下,而且还重用他们其中如魏征这样的一些人,从此人心归顺,天下安定。

唐宪宗时,大将李愬奉命讨伐叛军吴元济,生擒了吴元济的将军李祐。将士们因为以前都吃过李祐的败仗,强烈要求杀掉李祐。李愬念及李祐是个人才,加入叛军是误入歧途,决定尽力帮他,果断拒绝了将士们诛杀李祐的请求。

很多想置李祐于死地的人不肯罢休,他们到处散播李祐是奸细的谣言。李愬担心,这些谣言如果传到朝廷那里,自己将无法保证李祐性命,于是命人将李祐捆绑起来押送京师。但在办这件事之前,他先给唐宪宗写了一封信,详细说明了原委。唐宪宗收到信后,不仅没有怪罪李愬,反而将李祐送还李愬军中。李愬看到李祐回来了,喜出望外,连连说这是社稷之福。后来,李祐果然不辱使命,帮助李愬实现了雪夜奇袭蔡州的壮举,从而成就了李愬的一世功名。

今天的人,很少有人不聪明,但却有很多人,缺少唐太宗的宽容和李愬乐于助人的智慧。有的人,遇到别人损害自己的一丁点利益,就暴跳如雷甚至丧失理智;还有的人,为了自己的利益可以不择手段,却很少给予他人力所能及的帮助。这个世界其实是一面镜子,镜子外面是你,镜子里面是别人和社会。你对镜子笑,它便会对你笑。你对镜子拳脚相加,它也会对你拳脚相加。一个人,不管是贵为天子的唐太宗,大权在握的李愬,还是平民百姓,离开了别人的帮助,都很难成功。但如果要获得别人的帮助,就得先去帮助别人。

纵观历史,尽管有许多无耻之徒和小人,但占据大多数的,还是那些与人为善的好人。他们才是维系人类社会健康发展的主流。相反,那些刻薄寡恩、唯我独尊、极端自私的人,却鲜有好的下场。有的即便自身苟且得以保全,但灾祸却殃及子孙。今天拥有一定权力的管理者们,在为人处世方面,不可不深谋远虑啊!

王者的肚量

说起楚汉相争，在我们印象中，占据大多数的恐怕就是奇谋诡计和生死大战。其实，在那个群雄并起、天下纷争的时代，伴随着血雨腥风的也有侠骨柔情。那些不可一世的王者，所展现出的肚量，让我们在历史的冷血中看到一丝温馨的同时，也得到了关于如何成为一个优秀管理者的深刻启示。

《资治通鉴》里有这么一个故事：

项羽兵败自杀后，刘邦以葬鲁公的礼仪把项羽葬在了鲁城，"亲为发哀，哭之而去。诸项氏枝属皆不诛。封项伯等四人皆为列侯，赐姓刘氏；诸民略在楚者皆归之"。

人们常说，历史都是胜利者书写的。成为胜利的王者，固然具备了更多的话语掌控权，但在拥有这样的话语掌控权之前，恐怕更重要的是他们先掌控好了自己。刘邦如此，他的功勋之臣韩信也是如此，《资治通鉴》也记载了韩信的一个故事。

被封为楚王后，韩信来到了楚地。他要做的第一件事，就是找到两个人，一个是恩人，另一个是仇人。命令发布之后，两个人很快被找到了。这恩人，是落魄时曾分给自己饭食吃的漂母，也就是靠替别人洗衣服为生的人。施恩勿念，受恩勿忘，是中国人的优良传统。那时，同为艰难讨生活的漂母，从自己的口中省下点食物，接济穷困潦倒的韩信，韩信因此终生难忘。今天有机会报答了，韩信自然是多加赏赐，关怀备至，大家都觉得理所当然。至于那个仇人，大家都以为这下子他可倒霉了，韩信绝不会轻易放过他。但是，接下来韩信的处理却远远出乎大家的意料，这是怎么回事呢？

原来，早年韩信在乡间落寞无名时，曾有一个纨绔子弟，也就是韩信寻到的这个仇人，寻衅让韩信从他的胯下钻过去。不管对谁，这无疑都是奇耻大辱。一般人碰到这种情况，大概会有如下两种反应，一是立马挺身而起，与之一搏；二是限于势不如人暂时委曲求全，以后找准机会再行报复。当年韩信的选择是委曲求全，那么今天贵为楚王，一个眼色便可置仇人于死地，报复起来不需要找任何借口和机会。就在大家都认为这个仇人死定了，而那个仇人也吓得魂飞魄散时，韩信却对他好言宽慰，不仅没杀他，还给他封了个中尉的官职。左右很是纳闷，问韩信这是为什么。

韩信说："此壮士也。方辱我时，我宁不能杀之邪？杀之无名，故忍而就于此。"意思是说，这个人是壮士啊！当年他侮辱我的时候，我难道就不能杀死他吗？只是杀了他没有名义，所以忍了下来，才有了今天的成就。

刘邦与韩信，均起于市井，历经百战，最后成为一代王者。尽管俩人有诸多不同之处，但有一点可以肯定的是，当成功的光环笼罩他们的时候，对于曾经的仇人或冤家，他们都表现出了海一般的肚量。这给了我们什么启示呢？

第一，得饶人处且饶人

俗话说得好，关公放了曹丞相，做人要有容人量。对刘邦与韩信来说，相对项羽家属及那个纨绔小子而言，他们是绝对的强者，生杀予夺就是一句话的事。为什么不这么做？是因为他们懂得，对敌人最大的报复就是宽恕。一味穷追猛打，可能会让天下人寒心。可不是吗？当年面对已经投了降的20万秦军，项羽一怒之下，将他们全部坑杀。由此带来的后果，就是天下人皆以为项羽太残暴，不足以王天下。

淮南子讲，大足以容众，德足以怀远。一个能干点大事的人，是要有足够的肚量的，团结一切可以团结的人，甚至是曾经的敌人，这样，你的力量只会越来越强大，反之，压迫越深反抗越强烈，当你把对手逼得只有死路一条时，想想看你自己将面临多么大的挑战。

只可惜，这么简单的道理，却经常被我们忽略。比如，在商战中处于绝对优势的大企业，为全面打压某些极度困难的小企业，导致他们的生存状态濒临崩溃，由此带来一系列社会问题，也使自身形象遭受损失。个别手握公权的执法人员，面对瓜农、菜农等弱势群体，在处理他们的一些违规经营行为时，方式方法简单粗暴且不留余地，让广大老百姓深感失望。极端情况下因暴力执法引发的冲突也导致了执法人员的自身伤害。网络上发生无关紧要的观点之争时，非得穷追猛打，即便对方承认了错误也不放过，使暴戾之气充斥其间。这些问题现象的背后，就是忘了得饶人处且饶人的道理。没有宽恕和宽容，一个社会、一个组织是很难逐步走向强大的。

第二，莫以束己束他人

就是不要拿约束自己的东西来约束他人。对不同的事物，人人都有不同的想法。我们可以有自己的观点，有自己的价值观和信仰，我们可以希望，但不可能也没有必要要求别人与自己一样。想不透这一点，在需要宽恕别人时，心里也许就会感到很委屈，心想当初他对我怎么怎么样，而今天却要我对他这样，这岂不是太不划算？

可不是这样的吗？如果刘邦总惦记着项羽当初想把他的爹都杀了，怎么会放过项羽的所有家人？如果韩信总想着仇人曾当众让自己受辱，还不抓着那小子后枭首示众？为什么他们不这么做？就是刘邦和韩信都认为，不管是项羽也好，还是那小子也罢，他们是他们，我们就是我们，他们所做的我们不一定做，同样，我们所做的也不要求他们一定做到。

《资治通鉴》里记载了一段有趣的对话。有一天，刘邦大宴群臣，酒酣之际，刘邦问大家：诸位列侯将军，你们不要隐瞒我，给我说说我得到天下的原因是什么？项羽失掉天下的原因又是什么？

大家说道，大王你派人攻城略地，取得了城邑和土地就分给我们，与大家共享利益。而项羽呢？他对有功的人妒恨，对贤能的人猜忌，这就是他失去天下的原因。

刘邦听了后，在赞许的同时也说了一段话："公知其一，不知其二。夫运筹帷幄之中，决胜千里之外，吾不如子房；填国家，抚百姓，给饷馈，不绝粮道，吾不如萧何；连百万之众，战必胜，攻必取，吾不如韩信。三者皆人杰，吾能用之，此吾所以取天下者也。项羽有一范增而不能用，此所以为我擒也。"

　　这一番话，在表明刘邦卓越领袖才能的同时，也揭示了一个道理，那就是刘邦之所以能够取天下，就是你项羽是你项羽的打法，我刘邦是我刘邦的打法。你靠自己，我靠大家，我只会坚持我自己的办法，绝不会与你一致，当然也不希望更不会要求你与我一致。各有各的玩法，选择了就不要后悔。有肚量的王者，也必然是一个特立独行的人，不会轻易被他人的观点、价值观、信仰等所左右。相反，一个人如果总要求别人跟自己想的做的都一样，结果往往是很可悲的。韩信后期的失败就足以说明这一点。

　　韩信堪称汉朝的开国功臣，他追随刘邦，平定三秦后，又分兵向北，擒获魏国，夺取代国，扑灭赵国，胁迫燕国，再向东攻击占领齐国，最后向南在垓下灭掉了楚国，从而使刘邦得以一统天下。在被封为楚王势力处于顶峰时，拒绝了部下蒯彻让他反叛的建议，可见其对刘邦的一片忠心。但是，在被刘邦削除王位降为淮阴侯后，心中愤愤不平，最后竟起谋反之念，被吕后与萧何合谋诛杀在长乐宫，他的三族因连坐也都被杀掉。从立下旷世之功的开国之臣到身死族灭，刘邦确有对不住韩信的地方，固然有"狡兔死，走狗烹。敌国破，良弓藏"的悲剧色彩，但韩信也确有咎由自取之处。

　　当时，刘邦与项羽在荥阳相持，韩信灭掉了齐国，不来奏报汉王竟自立为齐王。后来汉王追击楚王到固陵，与韩信约定共同进攻楚王，韩信却按兵不动。当时，刘邦就有了杀掉韩信的念头，只是力量还做不到便罢了。当天下定了以后，韩信已经没有什么可倚仗的了，却摆出一副谁也看不惯、觉得汉王待自己不公，甚至要造反的样子，不收拾你又收拾谁？所以，司马光评论韩信时说："夫乘时以徼利者，市井之志也；酬功而报德者，士君子之心也。信以市井之志利其身，而以士君子之心望于人，不亦难哉！"意思是说，抓住机会谋取利益，是市井小人的志向。

而建立大功以报答恩德，才是有志向、有操守人的胸怀。韩信用市井小人的志向为自己谋取利益，却要求他人以君子的胸怀来回报。这不是太难了吗？

确实如此，韩信之所以沦落到如此下场，就在于他忘记了莫以束己束他人的道理，以为自己为刘家打下了江山，人家就得时时刻刻把你供着，那是不可能的事。这恐怕是他人生悲剧的重要原因。作为组织或团队的负责人，管理者们的地位决定了自己必须有更高的境界、更好的修养、更强的能力、更实的作风，要求别人做到的自己必须首先做到，这是职责与使命所在。但是，要求自己做到的，不应该强求部属们做到。毕竟，权力不是管理者任性的资本。在卓有成效的管理行为中，约束力不可能取代影响力。这正如美国管理学家哈罗德·孔茨所说："领导是一种影响力，或叫作对人们施加影响的艺术和过程，从而使人们心甘情愿地为实现群体或组织的目标而努力。"

第三，宽容是王者自身的修为

宽容不是做给别人看的，而是王者必须要修炼的心路旅程。《尚书》讲：有忍，其乃有济；有容，德乃大。一个人的肚量有多大，取决于他能把自己的宽容心修炼到多宽广。

季布曾是项羽手下的一名骁将，楚汉相争时，多次羞辱刘邦，甚至差点置他于死地。刘邦一统天下后，悬赏重金抓捕季布。季布只得剃去头发，用铁箍卡住脖子，把自己卖到鲁地的大侠朱家当奴隶。朱家心里明知，这就是刘邦遍告天下想逮住的季布，却变卖了家产，请滕公夏侯婴去劝刘邦，说臣僚各为其主，季布有什么罪啊？项羽的部下难道都要杀掉吗？如今皇上刚刚取得天下，便借私人怨恨去抓捕一个人，怎么能这样显露自己的狭隘胸襟呢！

刘邦听了，认为很有道理，不仅赦免了季布，还给了他一个郎中的官职。表面上看，刘邦赦免的只是季布，可展现的却是自己的胸怀。我们有些管理者，有时很难认识到这一点。以为权力在手，就可呼风唤雨，而丝毫不体谅部属。更别说别人对自己的一丁点冒犯，都耿耿于怀，究其原因，还是修炼不够啊！

做企业本身也是做人。管理者的肚量有多大，事业才能做多大。

　　亨利·福特的孙子，即福特三世继承了祖业之后，福特公司迎来了一个新的发展高峰。然而，面对成功和荣誉，福特三世迷失了自我，变得独断专行，根本不能容忍任何不同意见，凡对感觉到挑战自己权威的人，不顾一切的解雇。曾为他重振家业立下汗马功劳的布里奇被他辞去；公认为"一直干得很好"并享有崇高威望的原任经理米勒被解雇；为福特公司带来巨大成就的艾柯卡被他一脚踹开。福特三世这种心胸狭隘的做法，导致人心皆失，一些优秀人才因此流失，福特公司遭遇了重大危机。福特三世不得不交出已掌管35年的经营大权，黯然退出商界。

　　刘邦和福特三世的故事，从正反两个方面启示我们：宽容是王者自身的修为，所成就的不仅仅是别人。这诚如莎士比亚在名剧《威尼斯商人》中所言：宽容就像天上的细雨滋润着大地。它赐福于宽容的人，也赐福于被宽容的人。

清醒认识人生的困境

说到管理者的职业素养,一般包括三个部分,即智商、情商和逆境商。智商和情商比较好理解,而逆境商,则是指一个人身处困境之时,依然能秉持自己的信念,锲而不舍地追求自己目标的能力。

当今社会,竞争日益激烈,对于每个人来说,挫折在所难免,而在困境中,逆境商就显得格外重要。一个逆境商高的人,可能会很快地认识到挫折的本质,笑对人生的起落。而一个逆境商低的人,则有可能身陷泥潭不能自拔,怨天尤人,甚至产生一些过激的行为,留下诸多遗憾。

汉代的大才子贾谊,就是一个比较典型的例子。

据《资治通鉴》记述,贾谊出生在洛阳。他从小博览群书,18岁时,就因辞赋文章举世无双而名噪一时,一篇《过秦论》更是让他深得汉文帝的青睐。因其才华过人,汉文帝一年之内将其连升了五级,当上了太中大夫,也正是这样一个人才,在即将担任公卿之时,却遭到了大臣们的强烈反对,最后不得不远离京城,去长沙任职。面对挫折,贾谊不能及时地调整心态,做到韬光养晦,而是郁郁寡欢,消磨意志,导致自己年仅33岁就英年早逝,这不能说不是悲剧。

年轻有为却无大为,奇才可用终无大用。贾谊的命运让历代的知识分子叹息不已,且多有不平之论。命运真的对贾谊不公吗?作为一名管理者,从贾谊的人生起伏中,我们又能悟到哪些人生的智慧呢?

第一,要保持对自我清醒的认识

很多人读《论语》,对它的第一句耳熟能详,即"学而时习之，不亦说乎？有朋自远方来，不亦乐乎？人不知而不愠，不亦君子乎？"由这三句话，开启了对孔夫子思想的探索之旅。但这段旅程的终点即《论语》的最后几句话，也就是"不知命，无以为君子也。不知礼，无以立也。不知言，无以知人也。"大家可能知之甚少。这句话的意思是说，一个人，如果不能正确认识命运，就谈不上称为君子。不知道礼义廉耻，就难以在社会上立足。而不知道别人所说话的真实意思，就难以真正了解这个人。知命是知礼及知言的基础，一个人，如果连自己的命运都不能正确认识和把握，懂再多的礼、知再多的人又有什么意思？

天命靡常。自古以来，围绕命运是可知的还是不可知的，是天生的还是后天造化所成的，产生了一系列不同的思想，形成了哲学上的主观唯心主义、客观唯心主义等林林总总的流派。但从本质上讲，这些争论是没有意义的。孔子早就说过"不知生，焉知死"，一个人如果连"生"都没过好的话，探讨死又有什么意义呢？所以，知命的关键，就是一个人在身处困境之时，怎么样来认识自己。

生活在一个充满竞争的社会，人们一般都会高估自己。不知自己到底有多大本事，也不看时机场合，想怎样表现就怎样表现，想怎样表达就怎样表达，结果弄得人际关系很紧张。贾谊的悲剧就源于此。

《资治通鉴》里有这么一句话："诸老先生未能言，谊尽为之对，人人各如其意所出，诸生以为能。"这句话的意思是说，汉文帝在向群臣问策时，贾谊一个人滔滔不绝，根本不给别人、特别是老同志说话的机会，不说话就意味着你是个白丁，是可有可无的窝囊废，这是任何人都受不了的事。至于"诸生以为能"，并不是对贾谊的赞美，说大家以为贾谊很有才能，而是说，大家都认为贾谊在显摆自己的才能。心想，就你行啊！我们都不如你啊！长此以往，大家心里能不对你有意见吗？之所以会这样，很大程度上源于没能正确地认识自己。那么，我们该怎么做呢？

有这么一个故事：

有一天，一位太宰（负责掌管国家典籍，协助君王执政的官）问孔子的学生子贡，说："你的老师该不是圣人吧？他怎么这么多才多艺，什么都精通呢？"

子贡回答说："那当然，我们老师是天生的圣人，当然什么都会啦。"

孔子听说这件事后，对子贡说："太宰知我乎！吾少也贱，故多能鄙事。君子多乎哉？不多也。"意思是说，你真的以为我如太宰所说是圣人吗？不是这样的，我从小是个孤儿，在困苦中长大，贫贱中什么事都做，所以对人世间的事都懂一些。君子对自己要求很高，始终担心自己人生经验不足，怎么能称得上学识渊博呢？这段话，充分表明孔子对自己有着清醒的认识。在学问和人生经验上，连孔夫子都不敢高估自己，我们普通人又怎么能自恃清高呢？

当然，知识本身是学不完的。庄子就说过："生也有涯，而知也无涯。以有涯随无涯，殆矣。"生命总是有限的，而知识是无限的。在有限的生命里想掌握无限的知识，是危险的、不现实的。但我们总可以做到如孔子所说："吾非生而知之者，好古，敏而求之者也。"

一个懂得命运的人，一定是能够清醒认识自己的人，既不会盲目认为自己是天才，什么都懂；也不会因为学海无涯，而放弃对自身能力素质的要求，而是要从前人的文化经验中，勤奋敏捷地求得知识。

第二，保持对理想强烈的执着

人生一世，草木一秋。如果不能给这个世界留下些什么，确实是件很悲哀的事。孔子就说："君子疾没世而名不称焉。"一个君子最担心的就是离开这个世界的时候，所做的一切不配君子这个称号。人在顺境的时候，对理想的执着相对来讲比较容易做到，因为要克服的困难毕竟比较少。但在身处困境之时，要保持对理想的执着可不是件容易的事。

孔子55岁时才开始周游列国，不辞辛苦地宣传自己的主张，虽屡次碰壁但从不轻言退缩。有这么一个故事：

有一天，叶公怀着很尊重的态度问子路："你们老师到底是一个什么样的人？"子路不知道该怎么回答，就跑去请教孔子。

孔子说："女奚不曰，其为人也，发愤忘食，乐以忘忧，不知老之将至云尔。"你为什么不告诉他说：我们老师啊，他发愤用功，连吃饭都忘了，快乐得把一切忧虑都忘了，连自己快要老了都不知道，如此而已。孔子说这番话时，应该是五六十岁的老人了，但对于自己要推行的仁政理想，还是如此锲而不舍，也正是如此，他才会在感受到快乐的同时，也赢得了他人的尊重。

当然，任何理想的实现，总少不了一定的必要条件。有时候，为了获得实现理想的必要条件，少不了会遭致他人的误解，需要吃些苦、吃点亏甚至受点气。一些人可能因此就放弃了，但真正大智大勇的人却可慨然担之，孔子就是这样一个人。

有一天，卫国夫人南子（大美人）想见孔子，派人对孔子说，凡是想做我和我老公兄弟的人可来见我，你如果不来的话，就不是君子。这样，孔子就去见了南子。子路听说这个事情后，很不高兴。孔子就发誓说："予所否者，天厌之、天厌之！"我如果做了错事，上天就会厌弃我啊，上天就会厌弃我啊。为什么孔子敢背着可能违背"礼"的骂名去见南子呢？原因只有一个，那就是孔子深信"在其位，才能谋其政"，他希望能够通过南子的认可推荐，获得一官半职来实践自己的仁政理想，即便为此受到弟子的误解也在所不惜。其实，在通往理想的大道上，只要执着，就少不了受伤，但恰恰是这种执着，才彰显了一个君子的人生价值。

对管理者而言，实现理想的过程，就是不断进行社会革命和自我革命的过程。既然是革命，就免不了如孔子一样，要遇到和承受一些不期而至的压力和误解。

摩根大通银行的CEO比尔·哈里森就碰到了这样的情况。在围绕建立更强市场导向，实施大规模机构变革的过程中，比尔遭到了强烈反对，反对的领头人物是负责银行主要业务的CEO，一位德高望众的明星人物。反对的原因，则是因为他们留恋投资银行业长期以来养成的"独狼"文化，不愿变革。为了实现目标，比尔顶住了压力，坚决不对所谓的特殊技能和老资格让步，果断地请这位CEO离开。为了实现理想与目标，管理者必须勇于坚持自己的立场，否则，反对的势力会越来越大，而自己离目标则会越来越远。

第三，在身处逆境时保持豁达

一般人碰到顺境时自然感到千好百好，看什么都如意。但碰到不顺的情况时，就开始怨天尤人。贾谊离开京城后，心里依然惦记着朝廷。汉文帝每有政令颁布，他总是第一时间响应，提出自己的主张。有一次，汉文帝特地把他召到京城。贾谊很高兴，以为回京城的日子来了，但文帝并没有这个想法，见了面也只是问了问鬼神的事。贾谊由此而生壮志未酬之意，心中未免愤愤然，好在汉文帝并没有太计较。这一点相比于孔子的做法，确实差远了。

孔子迁居到蔡国的第三年，吴国军队攻伐陈国。楚国出兵援救陈国，驻扎在城父。听说孔子在陈国、蔡国之间，楚昭王派人聘请孔子。孔子准备前往拜见回礼，陈国、蔡国的大夫谋划说："孔子是个贤人，他所讥讽抨击的都切中诸侯的弊病。如今他长久滞留在陈国、蔡国之间，众大夫所作所为都违反仲尼的心意。楚国是大国，如今派人来聘请孔子，倘若孔子被楚国重用，我们这些在陈国、蔡国主事的大夫就危险了。"于是派人将孔子围困在野外。

受到围困的孔子，不仅没法行路，粮食也断绝了。随从的弟子疲惫不堪，饿得站不起来。孔子仍讲习诵读，演奏歌唱，传授诗书礼乐毫不间断。子路看到这个情况，很生气地对孔子说："君子也有穷困吗？"孔子说："君子固穷，小人穷斯滥矣。"意思是说：君子能固守穷困而不动摇，而小人遇穷困恐怕就要胡作非为了。

这个故事说明了什么呢？人固有穷困之时，正如王勃《滕王阁序》所言："时运不济，命途多舛。冯唐易老，李广难封。屈贾谊于长沙，非无圣主；窜梁鸿于海曲，岂乏明时？"但只要做到如孔子一样，"忧道不忧贫"，在困境中坚信坚守自己的信仰使命，又有什么可忧郁的呢？

第四，在竭尽全力之后要懂得放下

贾谊是典型的儒生。今天有人说起儒生或者儒家，喜欢把它与道家的出世思想对立起来，认为儒学仅是入世之学，总是强调不断进取，甚至知其不可为而为之。但事实并非如此，入世与出世从来都不是决然分离的，只是各有侧重罢了。真正高明的人，一定是在两者之间游刃有余的。

孔子就是这样的人。68岁时，他觉得已经尽力了，但仁政理想还是很难在各诸侯国实现，于是作出了回到家乡、教书育人的决定。"子在陈曰：归与！归与！吾党之小子狂简，斐然成章，不知所以裁之。"孔子说这番话时，应该是在周游列国后，对各国情况和天下大势了然于心了。当不当官无所谓，跟着我的这帮小子蛮有豪气，看天下事太容易了。虽然文章写得不错，"斐然成章"地议论纷纷，但却不知道如何裁取。所以孔子决定献身教育事业，回去好好教育年轻人，为国家培养栋梁之材。

职场生涯好比一幕舞台剧。既有上台之刻，也有下台之时。不管表演成功与否，该告别的时候还得告别，因为后面的演员还等着上台呢！所以，功成身退也好，功不成身退也好，都是一种睿智，只怕你该退不退。孔子说："能以礼让为国乎？何有！不能以礼让为国，如礼何！"能以礼让为国的人哪有呢？不讲究礼让，死抱功名利禄不放，那么文化精神又从何谈起呢？贾谊可能就不太懂这一点，被排挤到长沙后，虽然能始终坚持自己对理想的执着，积极参政议政不改初衷，但却始终没有从自己给自己设定的失败感中走出来，总认为到长沙是对自己的一种否定、是人生的失落，没有把虚荣放下，以至最后积忧成疾，英年早逝，不可不说是一场不懂放下的悲剧。

历史上，该退不退、该放下时不放下而反受其咎的事应该说比比皆是。李白在《行路难》中就作了生动描述："吾观自古贤达人，功成不退皆殒身。子胥既弃吴江上，屈原终投湘水滨。陆机雄才岂自保？李斯税驾苦不早。华亭鹤唳讵可闻？上蔡苍鹰何足道？君不见吴中张翰称达生，秋风忽忆江东行。且乐生前一杯酒，何须身后千载名？"功成的吴子胥、陆机、李斯也好，功不成的屈原也罢，该退的时候不退，最后都是满怀孤愤之心，身死异乡，皆是未能通达人生所造成的遗憾。

选择退隐和放下并不是要逃避或者放弃责任，只是说在到点或时运不济之时，要懂得该退则退。到点的时机一看便知，时运不济的时机又该如何把握呢？孔子说了一句话"邦有道，危言危行。邦无道，危行言孙。"就是当政治清明的时候，就要正言正行。遇到政治混乱的时候，就要多一个心眼，行为一定要端正，说话一定要谨慎。说白了，时机不对的时候就不要争了，放下吧，好好地收敛自己，修养自己，这就是孟子所说的"穷则独善其身，达则兼济天下"。

一个优秀的管理者，一定是能够认识和把握自己命运的人，即使身处困境之中，一时间难以完全实现人生目标，他也会坚持把每一天都过得圆满充实。这难道不也是一种人生的快乐吗？

争做天之君子、人之君子

"天之小人，人之君子；天之君子，人之小人也。"语出《庄子》。所谓"天之小人，人之君子"，是指那些做事圆滑高明，但内心不正，道德不为人所认同的人。而"天之君子，人之小人"的意思，是指那些为人虽然刚正毅直，顶天立地，但不懂得与人交往，处世不够高明的人。《资治通鉴》告诉我们，想要成就一番事业的管理者，既要顺乎天道，光明磊落，成为"天之君子"，也要顺乎人道，通晓事理，成为"人之君子"。这两者只要差一点，不是天怒，就是人怨，是很难把事情办得圆圆满满的。

一、谨防"天之小人，人之君子"

唐玄宗时期的奸相李林甫可以说是"天之小人，人之君子"的典型。他无德无才，就连一直重用他的唐玄宗在晚年时与给事中裴士淹品评大臣时，给的评语也是"妒贤嫉能，无可比者"。可就是这样一个人，为什么能够位居相位达19年之久，破了唐玄宗用相绝不让其任期超过3年的惯例呢？就在于他是"人之君子"，能够严格遵守做事的规则。

《资治通鉴·唐纪》称李林甫"柔佞多狡数，深结宦官及妃嫔家，侍候上动静，无不知之。"意思是说，李林甫非常奸佞狡猾，他使出奉承拍马的本事，将宫中太监、御婢一一收买妥当。这样，他就可以轻而易举地掌握皇上的一举一动。李林甫深知，只有让皇上左右都对他有好感，时刻留心揣摩皇上心思，才能在这封闭的权力系统内有所作为。

开元二十四年（公元736年），李林甫从唐玄宗左右得知，皇上在东都洛阳住久了，想回长安住。宰相裴耀卿认为不妥，进言说："现在正是收割时节，需等到冬天农闲时方可返回。"

玄宗听了，虽没说什么，但心里很不高兴。一天，大臣们陪玄宗外出，李林甫故意一瘸一拐地走在后面，玄宗见到了，就问他哪里不舒服，李林甫回答说，我不是有病，而是有事要奏请皇上。洛阳、长安本来就是东西宫，皇上想住哪里都可以，干吗非得等到冬季农闲时才回迁呢？如果说怕影响农事，那就免去所经地区的赋税就行了。玄宗听了大悦，立即吩咐移驾长安，由此可以看出李林甫在揣摩领导意图上的高超水平。

而对于有名望的大臣，李林甫则尽显"口蜜腹剑"的本事。表面上对他们非常尊重，暗地里却对妨碍他的人以刀剑相见。

有这么一个故事：

有一个官员叫严挺之，受李林甫排挤在外地当刺史。有一天，唐玄宗突然想起了他，就对李林甫说："严挺之还在吗？这个人很有些才能，还可以用呢！"

李林甫听了说："好啊，陛下既然想念他，我去打听一下。"

李林甫为什么要打听呢？难道他不认识严挺之吗？不是这样的，他不仅认识，而且还很熟悉。正因为认识且熟悉严挺之的才能，担心其担任高官后会对自己形成威胁，所以绝不能让其得逞。按理说，你对玄宗说他不行就得了呗，但李林甫按自己一贯为人处世的做法，想出了另外一招棋。

散朝后，李林甫找来了严挺之的弟弟，对他说："你哥哥不是一直想回京城吗？我有个主意，你愿意听吗？"

严挺之的弟弟一听，高兴坏了，对李林甫充满感激地说："愿洗耳恭听。"

李林甫说："你告诉你哥，叫他上一道奏章，说得了病，请求到京城来看病。"

严挺之接到弟弟的来信后，真的上了一道请求回京城看病的奏章。李林甫就拿着这份奏章去见唐玄宗，说："可惜啊，本来他还可以干点大事，但现在得重病了。"玄宗看了看奏章，叹了一口气，就此作罢。

李林甫就是这样一个人，为了不让严挺之兄弟得到重用，同时不让皇帝和严挺之兄弟对自己有意见,他编造谎言,欺上瞒下,在成全自己私心的同时,还让当事双方没有怨言。他的这些手段,使他在朝野上下纵横捭阖,连不可一世的安禄山在他面前也不敢有丝毫放肆,所以他办起事来一帆风顺。然而,违背天道,不讲道德,尽耍阴谋诡计,是"天之小人",即使他干的事再成功,也只能说是自己私利的成功,对整个大局而言则是巨大危害。"安史之乱"和唐朝的由盛转衰,与李林甫排斥贤良、清除异己不无关系。

小人终归是小人,一旦其真实面目被认清,绝不会有什么好下场。李林甫尸骨未寒,久受其气的杨国忠立马向唐玄宗上书,说李林甫和边镇将领阿不思合谋叛国,并找来李林甫的女婿做证。于是玄宗下旨:"制削林甫官爵;子孙有官者除名,流岭南及黔中。"末了,还不解恨,又命杨国忠"剖林甫棺,抉取含珠,褫金紫,更以小棺以庶人礼葬之"。他生前骗了大家,享受了荣华富贵,最终却不得好死。

由此看来,管理者如果不能顺应天道,坚持遵守正直、正义、与人为善等规则,哪怕你玲珑剔透,在各种场合游刃有余,到头可能还是"机关算尽太聪明,反误了卿卿性命"。

二、力戒"天之君子,人之小人"

自古做大事的许多人,往往自恃顶天立地、光明磊落,所以不拘小节,不通人情,结果辛辛苦苦,披荆斩棘,不仅把自己弄得伤痕累累,别人还很少有人说你好。"既要做正确的事,又要正确地做事",就是对这些人最好的忠告。

历史上,"天之君子,人之小人"不乏其人,从孔子到杨修、张居正等人,应该说做事都非常顺应天道,但为人却不够圆融,结果处处碰壁,有的甚至落得家破人亡,令人叹惜不已。

唐朝的进士李建是一个突出例子。

《旧唐书·李建传》记载:"建,字杓直,举进士,选授秘书省校书郎,德宗闻其名,用为右拾遗翰林学士。"李建很有才华,人也很正直,贞元二十年(公元804年),唐德宗想找几个人充实朝廷的写作队伍,有人推荐了李建。唐德宗就问宰相郑珣瑜，这个人到底怎么样？

郑珣瑜回答说："我在吏部工作的时候，要补充八人担任校书郎的工作，其他七人都有关系和背景，只有李建是凭着自己的真才实学被选中的。"德宗听了非常高兴，立即任命李建为左拾遗、翰林学士。

李建上任后，主要工作是代朝廷起草重要公文。他十分努力，但却不善于跟人打交道，特别不能容忍别人改他写的东西。公元805年，淄青节度使李师古趁唐德宗去世之际，发动叛乱，李建奉命起草讨伐李师古的诏书。由于用词过于严厉，翰林学士王叔文想稍作修改，李建坚决反对。当时的王叔文，可谓权势冲天，连当朝宰相见了他也要让三分，更何况一个小翰林学士，再说修改诏书也是王叔文的职责之一，但由于李建强烈反对，修改诏书一事也就作罢。

诏书虽然没修改成，但李建自负的名声不胫而走，大家对他都有了些不好的看法。此后，朝廷找了个理由免去了他的翰林学士职务，降为太子詹事。后虽因确实有水平，又被朝廷征诏，但依旧未改不愿人家改动他文章的习性。有一天，宰相改动了他的文章，他即以"草诏思迟，不愿司文翰"为由，辞去了秘书职务。朝廷一看这个人如此，也就同意了他的请求。终观其一生，由于过于自负，不懂得与他人相处的技巧，李建一直也没有干成什么大事。

从本质上讲，李建确实是一个敬业负责的人，也是一个有能力履行好自己职责的人。他的可悲之处在于，太相信自己的水平，忽视了对其他人的尊重与认可。由此导致了人际关系的紧张，从而使他的职业生涯屡次受阻，最后壮志难酬。身为一名管理者，必须明白，即使有崇高的理想，过人的胆识，出众的能力，卓越的品行，但如果不懂得圆润处世和灵活变通，也难干出一番大事业。

三、争做"天之君子，人之君子"

《清史稿》中说："中兴以来，一人而矣。"这里说到的曾文正，就是晚清时的中兴名臣曾国藩。

曾国藩饱读经书，满怀"齐家修身治国平天下"的理想，在晚清风云变幻的时局中，始终坚守为人臣、为人父、为人师、为人友的道德底线，为匡扶处于危局中的清王朝和改造当时的官风世风做出了一定贡献，可以说是"天之君子"。

曾国藩早期奉旨在长沙兴办团练时，也是锋芒毕露，极不善于与人周旋，以至于被湖南巡抚骆秉章等人弄得难以立足，最后不得不远走衡阳。好在曾国藩非常善于反省，在若干次的碰壁后，他深悟出了进退之道，成为了"人之君子"，从此做起事来游刃有余。

曾国藩的胞弟曾国荃攻破天京城后，纵容部下大肆抢掠，并将太平天国的大量财宝据为己有，引发清朝统治者和地方官员的强烈不满。当时清王朝最有战斗力的十几万湘军，全部为曾国藩所掌握。清朝统治者在对其大力封赏的同时，也时刻对其保持高度警惕，甚至欲致之于死地而后快。曾国藩敏锐地认识到了这一危机，一方面及时向慈禧太后上书，将功劳归于朝廷，归于友军；一方面明确表示要自裁湘军。他的这一番做法下来，果然赢得了朝廷上下的认可，使他得以保全。

攻陷天京后，曾国藩专门写了一首诗送给其弟曾国荃："左列钟铭右谤书，人间随处有乘除；低头一拜屠羊说，万世浮云过太虚。""屠羊说"是指一个宰羊的屠夫，他曾帮助楚昭王恢复失去的天下，但楚昭王复国后再三请他做官都被谢绝。他说，大王丢了国土时我也丢了宰羊的工作，现在大王重登宝座，我又操起宰羊刀，恢复了过去的一切，自己没什么损失，也用不着朝廷为感恩给自己封官。曾国藩写这首诗的目的，当然是为了劝其弟不要太气盛，须知"滋味浓时减三分"，否则，引起他人的妒意，惹火烧身便难以保全。由此，我们可以深刻地感受到曾国藩的"人之君子"之道。

曾国藩之所以能被后人称为"大宗师"级的人物，除了他深悉纵横博弈之术，是"人之君子"外，更重要的是他坚守"圣人之道"，也是"天之君子"。曾国藩的家书，既道出了其为人子、为人父、为人兄的情怀和节操，更是其价值观的生动再现。忠君爱国，勤奋节俭，这些体现"天道"的主流价值观，曾国藩能够坚守践行，才会成就其立德、立业、立言的伟业。

据载，当湘军如日中天时，曾国藩的一个老部下托人给他递了一张条子，提议造反。曾国藩看得心惊胆战，忙吩咐递条子的人去休息，自己则一口把纸条吞进肚里。拥兵自重，然后取而代立的事情在中国历史上并不鲜见，但曾国藩能够做到急流勇退，自减锋芒，的确非常难得。除了自知实力不足以成事，这也与他饱读经书，具有较高的理想道德不无关系。曾国藩曾写过一首诗："倚天照海花无数，流水高山心自知"，在生动表达对清王朝忠心的同时，也间接表明了作为一个"天之君子"，他对自己的自知之明。

对管理者来说，战略与战术，理想与现实，想法与办法等都是实现管理目标的一体两面。光有崇高的目标，没有团结凝聚他人共同奋斗的本领，目标最终也难以实现。综观历史的经验教训，"天之君子"也好，"人之君子"也罢，归根到底就是要不断地修炼好管理者自己。而修炼管理好自己的关键，则是自觉自律与自主。强化思想修养，树立崇高愿景，不自以为是，不自我膨胀，就能在与人和谐相处的同时，实现管理的最终目标，成为"天之君子，人之君子"。

第二课
如何提升能力——勤于学习自省

　　清醒地认识自己，只是管理者修炼的第一步。管理者的目标，在于带领团队卓越地完成任务。复杂的环境、突如其来的压力、外部的诱惑，都可能让管理者的身心面临极大挑战，只有强化学习反省，才能进一步深化自我修炼，实现从思维、境界到实践能力的全面提升。

学习有奥妙

管理者的水平，集中体现为判断力、表达力、创造力和协调力。这四种能力不是天生的，必须从管理者的自我修炼而来。管理者的自我修炼，包括丰富的学识、适度的自信、良好的人缘，它们相互配合，构成管理者做人做事的基础。而丰富的学识，则是这四种能力的根基。只有学识丰富了，才能在任何困难与挑战面前从容不迫，充满自信。同样也只有具备丰富的学识，才能洞悉事物的本质和人性的本源，抓住解决问题的关键点。而获取丰富的知识，只有一条路，那就是勤于学习。

《资治通鉴》里有这么一个故事：

三国时期，吴国大将吕蒙担任要职后，主公孙权对他说："你现在担任要职，执掌权力，不能不学习。"吕蒙推辞说军中事多，没有时间学习。

孙权说："我不是让你研究儒家经典，只是要你浏览书籍，了解过去发生过的事情。你说事多，难道会比我还忙？我经常读书，自以为得到很多益处。"

听了孙权的劝告后，吕蒙开始奋发读书。过了一段时间，吴国的另一名重臣鲁肃经过寻阳，与吕蒙谈话，吃惊地说："你今天的才干谋略，再也不是吴郡那里的阿蒙了！"吕蒙回话说："士别三日，当刮目相看，大哥为什么对这个道理明白得这么晚呢？"

对于因继承获得权力而成为一国之主的孙权而言，算是天生的管理者。即便如此，他也不辍学习。因为他深知，管理能力不是天生的。如同一个人被任命为某个职位，并不一定表明他便具备了与这个职位相匹配的能力。只有认清这一点，才会虚心求学。更何况，对绝大多数管理者而言，很难如孙权一样，一出生就是天生的管理者，不通过学习迅速增长履职本领，恐怕更难不负众望。

在学习这个问题上，可能有很多管理者会有吕蒙最初的困惑，这些困惑归结起来，可分为三个问题。

第一个问题：为什么要学习

这是一个大问题，直接关系到我们学习的动力源。很难想象，一个人连为什么要学习都搞不清楚，怎么会有学习的主动性呢？吕蒙推辞说军中事多，没时间学习。这只是一个借口，其根本原因在于他没有搞清楚为什么要学习。所以孙权就反驳他，你说忙，难道还有我忙吗？我那么忙都还学习，你为什么做不到呢？孙权的这番话是有底气的，因为他不仅勤于学习，而且通过学习真正明白了学习的好处，这是吕蒙最初所不能理解的。

为什么要学习呢？《论语·学而》里有一句话："子曰：不患人之不己知，患不知人也。"不要担心别人不了解自己，而是要担心自己不了解别人。这句话看似简单，但却凝聚了为什么要学习的全部真谛。其实，学习无非有三个目的：

一是生存的需要。从原始的学习捕鱼打猎、钻石取火到今天的学习某项职业技能，本质上就是为了生存，不通过学习掌握这些技能，可能就无法获取必要的物质条件以保证自己能够活下去。

二是生活的需要。人是社会的人，怎样与人打交道，在面对难题与困惑的时候，怎样排解？这些问题是需要通过学习来掌握的，当然，这种学习，并不一定完全从书本中学。孔子说："主忠信，无友不如己者，过则勿惮改。"内心坚守忠诚与信念，虚心学习别人的长处，有不足的地方坚决改正。这也是一种学习。

三是生命的需要。前两者的学习，无论是生存还是生活，都还没有超越现实的物的东西，总体上讲层次比较低。只有到了生命层次的需要，学习才会呈现出它最精彩的价值。

什么叫生命的需要？人终其一生，如果仅仅是过得很富有，在社会上名声在望，也未必能获得内心真正的宁静与幸福。怎样做到内心真正宁静与幸福呢？就得思考我到底是谁、我到底要干什么、从哪里来又要到哪里去这些终极问题，由此提升整个生命的价值。一个人，要是真正对这三个层次的学习搞明白了，他还会担心别人不了解他吗？他还用担心别人不知道他吗？

然而，很可惜的是，现实生活中有很多人甚至包括我们的一些管理者，没有这种忧患意识。在竞争失利时，不是反思自己在学习上有哪些欠缺，而是埋怨时运不济或者认为可能领导还不知道我，只有"人不知我"的担忧，所以变着法儿想表现自己、突出自己，让浮躁的情绪蔓延，结果让事情变得很糟。这种人，连自己都认识把握不了，又怎么能够去认识和理解别人。所以，在思考为什么要学习时，一定要明白，学习不仅是我们生存和生活的需要，更是提升生命价值的需要。学习的目的不应只是功利性，还应该是我们生命旅程的重要组成部分。带着这个思想坚持不断地学习，就不会担心自己不被别人理解、知晓，也不会担心自己不理解、知晓别人。这也许就是孙权劝学吕蒙的真正用意吧？

第二个问题：学什么

这个问题放在哪个年代都不好回答。比如说现在，各种新思潮、新技术、新观点层出不穷，每天新出的书籍浩如烟海，明确学什么不是一件简单的事。在古代，儒家一以贯之的思想，就是让大家学"仁"，但什么是"仁"，每个人该学什么样的"仁"，又没有统一答案，真是"仁者见仁，智者见智"。那么，现在的我们，到底应该学些什么呢？

一是要学治国理政的基本规律。"学而优则仕"是儒家的一贯追求。这句话本身并没有什么不对，但是，怎么去当好这个"仕"却是一个大学问。孔子说："道千乘之国，敬事而信，节用而爱人，使民以时。"千乘就是有一千辆兵车的国家，意为大国。这段话讲的就是如何领导一个国家，也可以把它推而广之为如何管理一个单位、管理一个部门和团队。

敬事而信。敬事，就是严肃认真地对待每一件政事。上至国家大事，小至具体工作，每一件都不是儿戏，不能由着自己的性子想怎样就怎样。信就是诚信，老子讲"轻诺必寡信"，说到了就要做到，做不到的宁可不说。

节用而爱人。节用就是爱惜民力，勤俭节约的意思，这与现在倡导的反"四风"、贯彻落实"八项规定"核心意思是一样的。铺张浪费、好大喜功之事，折腾民力，必然遭人反感。爱人，就是心怀仁爱之心，真诚关心和帮助别人。

使民以时。本意是劳逸之事应选在农闲时进行，这是科学使用劳力的方法。否则，会影响农业的收成，最终也会影响国家的收入。这句话扩展开来的意思，是让民众总能在恰当的时间做恰当的事。

上面这几句话，区区几个字，就概括了管理者必知的治国理政规律。领导和管理一个大国，工作认真负责，做事诚实可信，生活简单节约，真诚关心帮助他人，使老百姓在适当的时间做适当的事。这几句话简单，但真要做起来却很难，所以要认认真真地去学。

二是要学社会基本规范。礼可以说是维系中国传统社会秩序最根深蒂固的力量，"非礼勿视，非礼勿听，非礼勿言，非礼勿动。"礼关乎着社会规范，是做人做事的基本准则，也是一切学习的前提和重要组成部分。

孔子说："弟子入则孝，出则悌，谨而信，泛爱众，而亲仁。行有余力，则以学文。"这是孔子对学生的基本要求，一个人，在家孝敬父母，出门尊敬师长，为人谦虚谨慎，怀一颗博爱之心，对仁德的人特别亲近。只有在这些都做得很好的情况下，如果还有多余的精力，才可以多读书。可见，孔子所说的学习，最重要的先是学社会基本规范，也就是每个角色所对应的规矩，换句话说，一个人，如果连基本的规矩规范都不懂，是没有必要读那么多书的。这种人，没准读的书越多，对社会造成的危害越严重呢。

三是要学实践知识。"纸上得来终觉浅，绝知此事要躬行。"学习一定要重视实践，绝不能死读书，读死书。这也是为什么孙权让吕蒙要浏览书籍的要义。

孔子说："诵《诗》三百，授之以政，不达；使于四方，不能专对。虽多，亦奚何为？"熟读诗书，满腹经纶，交给他政事，不能很好地完成。让他出使四方又不能完成使命，这样，读再多的书又有什么用呢？

为什么会出现这样的问题呢？一个很重要的原因，就是只注重书本知识的学习，没有注重实践知识的学习。社会是一所永不会毕业的大学，"留心处处是学问，人情练达即文章。"如果把自己封闭起来，不勇敢地在社会实践中探索求知，空有满腹的书本知识也是徒劳无益的。所以，我们主张在学习书本知识之外，还要大力向社会实践学、向他人学。只有这样，才能弥补自身知识的不足，正如古话所说："三人行，必有我师焉。择其善者而从之，其不善者而改之。"今天的我们，是不是也同样需要这样去学习呢？

第三个问题：怎样学

这个问题，孙权给出了一个答案是用浏览的方式，看看过去历史事件的成败得失。博览群书，以史为鉴，这不失为一个方法。但现在资讯如此发达，各种信息汗牛充栋，而管理者的时间又有限，如何在有限的时间里学到、学好更有价值的东西，确实是个难题。在这方面，孔夫子的经验值得借鉴。

作为一个老师，孔子有3000多名遍及各个诸侯国的弟子，其中还有72个贤人，以至于每一个诸侯国看到孔子来了都战战兢兢，这并不是一个常人所能做到的。之所以能做到这一点，撇开孔子的道德学问，就是他的"因材施教"理念，即根据每个人的特点，告诉他们学习的方法，引导他们成为君子之才。那么，他有哪些值得我们借鉴的学习方法呢？

一是要带着问题来学习。子曰："学而不思则罔，思而不学则殆。"只是学习，却不思考，就会惘然无知。只思考却不学习，就会疑惑不解。我们想想在现实中是不是这样的呢？有时候，费了好长时间看完了一本书，回过头来想想，好像没什么特别的收获，这是为什么呢？为看书而看书了，没有带着问题来想。所以比较好的方法是，我们可以自己给自己出个题目，当然，围绕工作给定的题目也可，带着这个题目去读书、去找答案，也许就事半功倍了。

当然，问题还是要有主线的。这个世界这么大，该有多少个问题啊？记得小时候看过一本书叫《十万个为什么》，每一个问题拓展开去，就是一门大学问，更何况，这个世界上的问题还不止十万个，而我们的生命和精力又是有限的，"吾生也有涯，而知也无涯。"所以，最有可能的是，选准一个主题来开展学习。这个主题，既可以与从事的管理工作直接相关，也可以不直接相关，如历史、哲学、书法、摄影、写作等等，只要选定一个主题，带着这个主题去学习，持而久之，一定会有好的收获。

二是要注重在实践中检验和巩固所学知识。书本上学的知识一定是正确的吗？怎么来分析判断正确与否呢？除了可以通过大量的研究比对外，一个很重要的方法，就是通过实践来检验。

子曰："学而时习之，不亦说乎？"读到这句话，很多人自然地认为它的意思是，学习了然后经常复习，不也是一件很高兴的事吗？但仔细一想却感到不对劲，为什么呢？因为每次考试前的复习经历很痛苦，何来高兴可言。由此就想，可能我们对老夫子的话理解不对，这个"习"字，其正确解释不是复习的意思，而是实践。意思是说，学习了知识，然后经常在实践中去检验它，由此体悟知识的妙用，难道不是很高兴的事吗？比如，大家学了很多摄影知识，如果能经常拿起相机，试着用这些知识照几张相，如果照出几张精彩的照片来，难道不开心吗？否则，空看了那些书，不付诸实践，你怎么知道这些知识是否管用、自己到底掌握这些知识没有呢？可见，学了东西，一定要找机会多实践，只有通过实践，才能发现对错，巩固所学。

三是通过反省来学习。反省是通过反思他人或者自己的成功失败来学习的一种方法，这种学习，直接触及自己的思想灵魂，因此可以算是一种最高明的学习方法。

在《论语》中，孔子对这种学习方法也是屡有推荐。子曰："见贤思齐焉，见不贤而内自省也。"意思是见到贤良的人就想要和他看齐，见到不贤的人就反省自己是不是也有类似的问题。

孔子最喜欢的学生曾子也说："吾日三省吾身：为人谋而不忠乎？与朋友交而不信乎？传不习乎？"曾子这句话的意思是说，我曾子做学问很简单，就是每天问问自己对人对事是不是尽心了，答应朋友的事是不是兑现了，老师教我如何去做人做事，我是不是认真实践了？这三句话，三个反省，表面上看来讲的是修养，跟学习和知识无关，但实际上，包括修养在内的很多学问，不是通过学习学来的，而是通过反省悟出来的，往往这些悟出来的东西，才是属于自己的东西，自己也会理解得更深刻。

一说到反省，很多人自然会想到犯错误的问题。每个人在生命的旅程中，不可能不犯错误，只要不是原则性的错误，大多数错误并不可怕，可怕的是能否做到如孔子所说的"不迁怒，不贰过"。既不迁怒于别人，也不再次犯类似的错误，要做到这一点，最好的方法就是反省。想想好多错误，其实我也是有责任的，下次注意别再犯就行了，意识到了这一点，不也是一种学习的收获吗？

对管理者而言，在履职过程中，需要经常提醒自己的就是：要有自知之明。然而，现实生活中，很多管理者随着职务的提升、任职时间的增长，会愈来愈缺乏自知之明，甚至认为自己是万能的。管理者一定有地方比部属强，但不一定所有的地方都强。要意识到这一点，时刻保持自知之明，唯一的路径就是加强学习，全面提升自我修炼水平。学习就如在一张纸上画圆圈，学得越多，圆圈内自己掌握的知识也越多，但与此同时，圆圈外自己面临的未知世界也越大，由是观之，何来自大的理由？

不妨学一些名士风流

北宋的理学家张载曾经说过一句关于知识分子使命的话，叫作"为天地立心，为生民立命，为往圣继绝学，为万世开太平"。然而，千百年来，能够做到的人真是少之又少。那些能够做到的人，历史上称之为名士。作为一名管理者，如果能够学一些名士风流，也就是无论身处何样的地位、面对何样的环境，都泰然自若，不失真我，那也是一种境界。

在《资治通鉴》里，记述了一批名士，而最为集中的，当数魏晋时期。魏晋时期，相对开放的政治环境以及社会的均衡发展，使得身处不同阶层的知识分子能够以自己特立独行的方式自立于那个时代，成为一道亮丽的人文风景。他们中的代表如陶侃、王猛、谢安以及阮籍、嵇康、王羲之等，都以自己独特的人格魅力，引领了那个时代的潮流。名士到底有哪些风范？下面，试以一两个故事说之。

一是陶侃。陶侃曾任东晋的征西大将军和荆州刺史。他非常聪明敬业，每天正襟危坐，督查军中和府中的大事小事，从来没有遗漏，所以无暇得闲。他经常对人讲，大禹这样的圣人，尚且知道珍惜时间，我们这样的普通人，更应珍惜光阴，哪能够整天逸游沉醉、无所事事呢？大丈夫"生无益于时，死无闻于后，是自弃也"。一个人活着对时世毫无贡献，死后默默无闻，这是自暴自弃。

陶侃是这么说的，也是这样做的。当刺史时，个别身边人员喜欢喝酒赌博，他一气之下把这些人的酒具和赌具全扔到了江里，对他们说："君子当正其威仪，何有蓬头跣足，自谓宏达耶！"意思是说，作为一个肩负责任、有道德有追求的君子，应该行为举止庄重严肃，哪能不注意形象，还自诩为洒脱呢？

后来，陶侃跟随大将军王敦打仗，因屡立奇功，引起了王敦的嫉恨和猜疑，找个理由将其贬为广州刺史。到了广州，陶侃并没因此消沉下去。他在住所里摆了100块砖，每天早上将这些砖从屋子里搬到外面，到了晚上又把这些砖搬回屋子，乐此不疲。有人不解地问他这是为什么？

陶侃回答说，我虽身在南方，但时刻想到为国家出点力，如果闲散惯了，将来又怎么能担当重任呢？所以，我每天借这个活动活动筋骨。

不管身处何时何境，在陶侃身上，始终洋溢着一种舍我其谁、昂扬向上的气度。现在，有些组织或团队的管理者，每天浑浑噩噩，不知所以，在无所作为中虚度时光。还有一些管理者，碰到一点不顺心的事就愤愤不平，非要怎样怎样不可，以至于上下都很紧张。这种人，又何谈风度可言？相比于陶侃的那种优雅与心定，他们缺少的确实太多了。

二是王猛。王猛是东晋北海人，从小就好学，有大志向，但不拘小节，很多人轻视他，而他自己却悠然自得。听说东晋大将桓温北伐入关后，他便穿着粗布衣来拜见桓温，一边纵论天下大事，一边伸手摸身上的虱子，左右人都在讥笑，王猛则不以为然。桓温以为是奇才，说了一句："江东无卿比尔。"意思是说，长江以南没有人能和先生您相比了。于是授予王猛军谋祭酒这一官职。后来，因为出师不顺，桓温要撤回江东，力邀王猛一同回去，并许以督护的高官职，但王猛坚决推辞没有接受。

其实，魏晋时期，诸如陶侃、王猛这样的名士数不胜数。所谓名士，本质上可以理解为勇于坚持自我、有思想有本事的人。按照彼得·德鲁克的观点，管理是一种传统意义上的人文艺术。之所以称其为"人文"，是因为它涉及知识、自我认知、智慧和领导艺术等基本要素；之所以称其为"艺术"，是因为管理涉及实践及应用。魏晋名士，可以说是一个具有人文艺术情怀的特殊群体，他们以自己独特的方式或者叫管理艺术，成为有着强大人格影响力的管理者，创造了与那个时代特质相匹配的业绩。

那么，要成为一个有着名士气质的管理者，应该具备哪些素质呢？

第一，虽不一定身处高位，但一定满腹经纶。 这是成为名士的根本前提

"腹有诗书气自华"，否则，一肚子空空如也，既没有成为名士的资本，也难以具备名士独有的自信。陶侃、王猛也好，谢安也罢，不管身处何位，无一例外的是他们都有满腹经纶。何以做到满腹经纶，很简单的一条，就是要勤于学习、善于思考。不勤于学习，就掌握不了知识，不善于思考，就增长不了智慧。知识是智慧的基础，智慧是知识的方向。一个人，如果只懂得死读书，读死书，纵然会掌握一些知识，但绝对难以增长智慧。而智慧，却又是名士的最基本素质。因此要成为名士，首先就得成为智慧之人，而这一切，又必须从学习与思考开始。

第二，虽不一定取悦众人，但一定卓尔不凡

名士者，因为自己的才华与独特个性，行为举止不一定完全等同于众人，招致非议也就司空见惯。但名士的行为举止，绝不是哗众取宠，而是基于个人信仰与操守传递出的正能量。

晋军大败符坚后，前线的人前来向身为宰相的谢安报信。此时的谢安，正优哉游哉地下棋。看完战报后，谢安一言不发继续下棋。棋友坐不住了，前方战报来了，谢安却不说结果，真让人揪心，这棋还怎么下？应付着下完这局棋后，谢安才说了句："小儿辈大破贼！"

面对惊天大喜，硬是藏而不露，直到把手中的事办完才宣告我军全胜了。这是怎样的一种涵养！其实，不管是谢安的喜怒自控，还是陶侃的正襟危坐、王猛的掀衣捉虱，尽管行为迥异，究其本质来说，所谓名士，一定是有定力的人，他们只关注于自己应该关注的，而这，也是成为一名人文艺术水平较高的管理者所必备的素质。

第三，虽不一定路路坦途，但一定心境如一

名士的经历并非一帆风顺。抛却陶侃被贬广州不谈，即使名震一时的谢安，也因功名太盛备受司马氏猜忌，被迫"素退为

业",自请镇守广陵。至于号称"竹林七贤"之首的嵇康,更是命途多舛,因一篇《与山巨源绝交书》开启生命倒计时。但这些人无一例外的是,不管面对多大的变故都心静如水,所以,嵇康死到临头还能保持着一种超常的淡定,在慨然赴刑场时自若地弹出一曲千古绝唱《广陵散》。这种心境,借用嵇康的一句话来表述,就是"目送归鸿,手挥五弦。俯仰自得,游心太玄"。

"高山仰止,景行行止。虽不能至,心向往之。"在尘世中每天忙碌不停的管理者们,也许很难做到如魏晋名士那样潇洒放羁,但如果我们在心中还能保持着一份对名士气度的向往,使自己不至于活得那么物质、那么功利、那么颓废,不也是人生的另外一种惬意吗?

欲成大事须反省

说到反省，可以从项羽的故事说起。

提到项羽，我们的脑海中也许会出现楚河汉界、锦衣夜行、鸿门宴、垓下之围等经典词语。曾经不可一世的西楚霸王，在楚汉相争中，为何从拥有绝对优势到最后的四面楚歌，兵败自刎？从项羽的失败中，我们可以得到哪些教训呢？

司马光在《资治通鉴》中，通过分析刘邦夺取天下的原因，表明了这样一个观点，那就是古往今来，一代帝王如想驾驭好部下或治理好国家，必须用好三样法宝，即任官、信赏、必罚。刘邦与项羽的高下，也正是在这三点之上的高下，从而导致了完全不同的结局。

陈平归顺刘邦后，劝说刘邦想要成就霸业，就得想办法把项羽身边的谋士搞掉。怎么搞掉？用反间计。但是得花钱，花多少？肯定不能少。刘邦说，拿50金去吧。要知道，50金在当年可是一个大数目，差不多是一户中产人家10年的收入。

主意定了后，有人对刘邦说：主公，这个陈平，平时尽爱占小便宜，你怎么放心把这么多钱给他？说不定他独吞了呢？刘邦只回了一句话，只要他把事办成就行。这就是刘邦的睿智，尽管知道陈平喜欢贪点小便宜，不过没关系，只有能打来天下，这区区50金又算得了什么？当然，这是在打天下时候，生死都未定，所以在钱的规矩上讲得要少一些。

陈平拿了钱之后，马上开始行动了。他首先将矛头对准了范增，也就是被项羽称为"亚父"的谋士。刘邦被项羽围困在荥阳（河南）一带时，想向项羽求和，所以双方有信使来往。有一天，项羽的使者来到刘邦这里，正好被陈平看到了，于是心生了一计。

谈完国事，使者准备休息时，陈平让人准备了非常精美的食物，派人去招待使者。去的那个人一边招待使者一边说："您是范增派来的使者吧！"

使者感到很诧异地说："不对啊，我是项王派来的。"

那人故作惊讶地说："对不起，我搞错了，我以为您是范增的使者，才会拿这精美的食物招待您呢！"说着就把那些精美的食物端走了，换了一桶粗糙的食物给使者。使者大怒，回去报告给项羽，项羽因此起了疑心，以为范增与刘邦可能相互勾结。

这时，范增过来催请项羽加紧攻打刘邦，这本来是个非常正确的决策，但项羽却怕其中有诈，从而放缓了对荥阳的攻打，刘邦因此得以逃走。得知这一消息后，范增大怒，他的恼怒不在于项羽两次错失杀刘邦的机会（第一次是鸿门宴，第二次是这次刘邦被困荥阳），而是在于，范增全心全意辅佐项羽，项羽也称他为"亚父"，但这个"亚父"在项羽心中的地位，竟抵不过敌军的几句挑拨，这才是范增真正伤心的原因。所以他对项羽说："天下事大定矣，君王自为之，愿乞骸骨。"大意是，天下大事看来已在项羽掌握之中了，你已不再需要我了。于是离开了项羽，因为心中郁闷，在还乡的路上生了个毒疮，溃烂后吐血而死。

陈平这一计策并不算高明，却使项羽失去了最重要的智囊，为什么会这样？表面上看，是项羽不懂得"用人不疑，疑人不用"的道理，但究其根本上说，就是其缺乏反省，自视才勇过人，从没有真正把别人放在眼里。就拿气走范增这件事来说吧，范增从跟随他叔父项梁开始起兵反秦，一直忠心耿耿，就这么被逼走了，难道项羽就一点错都没有吗？其实，项羽不是没有错，只是他从不会反省到认为自己错了，要错都是别人的错，如果别人也没错的话，那就是天错了。

被围垓下时，项羽几经大战，身边只剩下28人了。而追赶上来的汉军骑兵有几千人。项羽估计自己不能逃脱了，对士兵们说："我带兵起义至今已经八年，亲自打了70多仗，抵挡我的敌人都被打垮，我所攻击的敌人无不降服，从来没有失败过，因而能够称霸而据有天下。可到如今被困在这里，这是上天要灭亡我，绝不是我能力不行。今天肯定得决心战死了，我愿意给诸位打个痛痛快快的仗，一定胜它三回，给诸位冲破重围，斩杀汉将，砍倒军旗，让诸位知道的确是上天要灭亡我，绝不是我的过错。"于是把骑兵分成四队，面朝四个方向。命令他们驱马飞奔而下，约定冲到山的东边，分作三处集合。为什么要从四处又分成三处集合呢？因为这样可以打乱汉军的部署，让他们不知道自己下一步的策略是什么。西楚霸王就是西楚霸王，直到最后仍不失英雄本色。

做好安排后，项羽高声呼喊着冲了下去，汉军像草木随风倒伏一样溃败了，项羽杀掉了一名汉将。这时，赤泉侯杨喜为汉军骑将，在后面追赶项羽，项羽瞪大眼睛呵斥他，赤泉侯连人带马都吓坏了，倒退了好几里。项羽与他的骑兵在三处会合了。汉军不知项羽的去向，就把部队分为三路，再次包围上来。项羽驱马冲了上去，又斩了一名汉军都尉，杀死有百八十人，聚拢骑兵，仅仅损失了两个人。项羽问骑兵们道："怎么样？"大家都敬服地说："正像大王说的那样。"然而，一人之勇总难敌众手之拳。勇冠天下的西楚霸王，面对重重围困他的汉军，可能至死也没有搞明白到底是怎样败的。

司马光评价项羽时说："羽起陇亩之中，三年，将五诸侯灭秦，分裂天下而封王侯，政由羽出；位虽不终，近古以来未尝有也！及羽背关怀楚，放逐义帝而自立，怨王侯叛己，难矣！自矜功伐，奋其私智而不师古，谓霸王之业，欲以力征经营天下。五年，卒亡其国，身死东城。尚不觉悟而不自责，乃引'天亡我，非用兵之罪也'，岂不谬哉？"意思是说，项羽在民间起兵，才三年时间，就带领韩、赵、魏、燕、齐等五国的军队灭了秦国，占据天下而分封王侯，天下的政令都由他发出。虽然没有笑到最后，但这也是近古以来没有的事。后来项羽离开关中，回到彭城，放逐了楚怀王而自立为帝，反而埋怨诸侯们背叛了自己，这就很难说得通了。他自我炫耀武功，只相信自己的智勇却不效法古人，认为要成就霸王的事业，只凭武力就可以了。才五年时间，就亡掉了其国，自己身死东城，还不反省自我的过错，反而把它归结到这是老天爷要灭亡他，而不是自己用兵能力不行。这真是太荒谬了！

司马光对项羽失败原因的分析极其深刻，自矜功伐，不知反省就是他失败的根本原因。一个人，位高权重了，很有可能就认为自己的能力水平自然而然地无人可比了。在事业发展顺利的时候，当仁不让地认为这是自己领导有方的结果。而一旦遭遇不顺，则认为要么是时运不济，要么是兄弟们不给力，就是不想一想自己到底有什么过错没有？从项羽的失败中，我们知道了反省的重要性。那么，作为一名管理者，该如何做到正确地反省呢？

第一，要秉承责人不如责己的胸怀

在日常工作生活中，人不可能不犯错误，也不可能什么事都一帆风顺。在遭遇挫折或者不如意的时候，是一味怨天尤人，还是反求诸己？既是一个人世界观、价值观的生动反映，也是能否摆脱困境、争取新的成功的分水岭。

公元前224年，秦王嬴政准备灭掉楚国。问大将王翦需要多少人？王翦坚定地说，必须60万人。秦王很是犹豫，因为这差不多是秦国全国的兵力了。正在犹豫时，大将王信说，只需20万人就行了。秦王大喜，以为王翦是年纪大了，胆子小了，所以才需要带这么多的人去伐楚。于是改派王信领兵20万前去灭楚。结果，王信一败涂地，秦军几乎全军覆灭。

听到这个消息，秦王很是自责，他不仅没有怪罪王信和王翦，反而亲自到频阳，向辞官在家的王翦真诚地道歉说："我由于没采用您的计策，果然使秦军蒙受了耻辱。听说楚军正在一天天向西逼近，将军虽然染病在身。难道忍心抛弃我吗？"在秦王的真诚邀请下，王翦重出江湖，带领60万大军灭掉了楚国。我们看看，在面对失败挫折的时候，正因为秦王勇于自责而不是埋怨他人，才有了后来的成功。

反观项羽，范增离他而去，他却以为是范增与刘邦搞到了一起，对不起他，没有任何自责。垓下战败逃跑问路时，被老百姓故意指错路而误入沼泽，从而被汉军追上，最后兵败自刎，也还是在埋怨老天爷对他不公，从来没有反省一下自己在杀降王子婴、坑杀20万已投降的秦军、废掉并杀死楚怀王所导致的人心皆失等。总之，一切都是别人的错，这样一种胸怀，又怎么能办成大事呢？

第二，要把握自信而不自矜的尺度

我们提倡自信，但自信超过了一定的程度，那就是自矜，自以为是，只相信自己，别人的意见和建议一概听不进去。这种情况，有时候不仅管理者有，普通员工中有这种思想的也不在少数。所以孔子告诫我们说，一个君子要做到"务意、务必、务固、务我"，就是凡事不要臆测、不要认为凡事必定会成什么样、不要固执己见，也不要自以为是，要做到这些，确实是很难的。

前面讲到，范增力劝项羽利用刘邦被困荥阳的时机，大举进攻而破之，但项羽并不采纳。一方面，当然为项羽受陈平反间计蛊惑，认为范增的建议可能有私心。另一方面，项羽也认为自己神勇天下，灭掉刘邦自有办法，干吗非得听你这老头子的呢？所以，你看刘邦，手下强将谋士如云，而项羽这边，除了他自己一名猛将外，少有知名的将军，连仅有的一个智谋之士范增也被逼走。这都是因为，项羽已经极度自信到了自矜的地步，谁也看不起，谁也不相信，这样带队伍，不死才怪呢？所以说，一名管理者，要干好事业，需要对自己有一定的自信，但是要掌握好度，也要相信群众，不自矜其功，这样，才会团结凝聚起更多的人为共同的目标奋斗。

第三，要秉承开放而不是封闭的视野

热力学的"熵增定律"启示我们，在一个封闭孤立的系统中，如果缺乏外来力量冲击，这个封闭孤立系统的总混乱程度是不断增加的，最后必将导致整个系统的崩溃。一个人甚至一个企业成长的规律也是如此，如果我们故步自封，排斥接受新的思想和事物，守着落后的东西不放，我们的发展就可能戛然而止。

还是拿项羽的失败来说。当时，项羽坐拥关中，用当年苏秦说秦王时的话说：关中，西有巴蜀汉中之利，北有胡貉代马之用，南有巫山黔中之限，东有肴函之固。沃野千里，民众殷富。相比刘邦而言，项羽占据着绝对的优势。并且，他把刘邦封在汉中之后，还可直接监视和阻挡刘邦进入关中。然而，这样一个好局面，项羽却舍弃不用，为什么？因为他有很重的乡土情结，不愿意放弃已经不合时宜的东西，坚决要回到老家，定都彭城，由此丧失了各种有利形势。守旧而不思进取，这可以说是埋下了刘邦崛起和自己失败的第一个伏笔。

相比项羽，刘邦可是从来没有封闭自己，所以他的视野就宽得多。灭秦后，刘邦在将士陪同下，来到了豪华的阿房宫。宫殿如此富丽，幔帐、摆设好看得令人炫目，还有那么多美丽的宫女。作为一个曾经的庄稼汉，见到这么些东西，真是欢喜得不得了，简直难以割舍。

这时候，他的部将樊哙闯了进来，说："沛公要打天下，还是要当个富翁呀？这些奢侈华丽的东西，使秦朝亡了，您还要这些干吗？还是赶快回到军营里去吧！"

刘邦听了他的话，心里十分不愿意。但张良进来又一劝说，刘邦马上就意识到了问题的严重性，连忙吩咐将士封了仓库，率军回到了灞上。

你看，这就是刘邦，别看他只是出生在沛县的一个小亭长，在出来打天下之前，其所见的世面肯定比不上项羽，项羽祖上可是楚国豪门。但是，刘邦不故步自封，面对不断变化的世界，能够迅速调整自己的思维和行为方式。

时代变了，该舍弃的一定要舍弃，要坚持的一定要坚持，否则，不仅我们过去已经得到的难以继续，而且，更重要的是，如果不抛弃封闭的视野，我们将被这个不断变化的世界无情淘汰。从某种意义上说，作为一名管理者，自我反省的程度，决定了事业发展的高度。凡事从对自我的检思出发，不陶醉于过去的成功、不拘泥于固有的思维、不苛责于他人的过失，我们就能在发现发掘出一个不一样自己的同时，带出一个和衷共济、众志成城的团队。

第三课
如何超越自我——勇于守正应变

能够清醒地认识自我，通过学习反省又具有了一定的管理能力，是否就能够成为卓越的管理者呢？事实表明，只有管理者的自我超越，才能带来组织的基业长青。一些管理者，身处艰难之时，尚能保持清醒和昂扬的斗志，然而在组织处于承平发展之时，或自己久居高位，被颂扬之声包围时，往往会丧失清醒认知自我的定力。面对不断变化的环境，准确把握变与不变的规律，不畏沧桑，勇于坚守正道，得之不喜，失之不忧，这恐怕才是管理者自我修炼的最高境界。

为官避事平生耻

身为管理者，总免不了要面对各方面的要求和压力，特别是当这种要求或压力与自己的思想、与本组织或团队面临的实际不尽相符时，如何应对确实是一件很让人伤脑筋的事。有的人也许会委曲求全，但也有一些人，则会坚守心中的道义，敢于担当，勇于担当。

《资治通鉴》中有这么一个故事：

春秋战国时期，战火纷飞。在这个群雄并起的时代，诸侯王们纷纷把吞并土地作为扩充实力的重要手段，斗得你死我活。虽然同出自晋国，但围绕土地的争夺，韩、赵、魏三国也是斗得不可开交。

有一天，韩国的国君来找魏文侯，说："兄弟兄弟，你要帮我，我要去打赵国，你能把军队借给我吗？"

魏文侯说："我跟赵国是兄弟啊，怎么能借你兵去打我的兄弟呢？"

韩国国君听了很不高兴，悻悻而回，觉得这个魏文侯太不够意思了，对他很有怨气。又过了一段时间，赵国又来找魏国说："韩国欺人太甚了，我要去收拾他，请你借兵给我。"

魏文侯说："寡人与韩国是兄弟，怎能借兵给你呢？"

赵国国君听了也很不高兴。过了一段时间，韩国和赵国明白了，魏文侯之所以不借兵，并不是在偏袒对方，而是真心实意地为各方着想。对他的诚信和担当，大家发自内心地认可，一致推举他为盟主，魏文侯就此树立了在战国七雄中的领袖地位。

管理活动中的一言一行，有时很难得到利益相关方的全部理解。当误解产生时，因为种种原因，又很难及时澄清。这时候，是坚持自己的选择，勇于担当并且承受由此产生的一切后果，还是心无定力，茫然不知所措？无疑是对管理者胸怀境界的一个重大考验。从这点看，魏文侯还真不愧为一个明主。除了对误解的担当外，那些为了正义和道义，敢于担当甚至不惜触犯上级核心利益的担当更应值得尊敬。

《资治通鉴》里有这么一个故事：东汉时，有一个名士叫杨震。杨震是陕西华阴县人，五十多岁才出仕。当上官后，杨震勤勉敬业，清正廉洁，一路高升，最后位列三公高位。

在清正廉洁方面，杨震让人印象最深刻的就是"四知"，哪四知？——天知、地知、你知、我知。说的是杨震调到山东赴任途中，途经昌邑县。昌邑县令叫王密，以前是杨震任荆州节度使时提拔的。这天晚上，王密特意来看望恩师杨震，临走时，王密要把20两黄金送给杨震，请恩师务必收下。杨震说："奈何吾知君，君不知吾也？"（为什么我知道你，你却不了解我？）

王密说："这就是一点心意，再说天黑月高，此事就咱俩知道，没问题。"

杨震说："怎么才咱俩知道呢，天知地知，你知我知，不就是四知吗？"此事一时传为美谈。

相对于廉洁奉公而言，杨震其实最让人感叹的还是他不惧压力、敢于担当的事。担任太尉这一"三公"之一的高官后，杨震更加敢于仗义执言。

公元121年，汉安帝想封他的保姆、乳娘王圣为王。汉安帝从小是被王圣带大的，王圣对汉安帝很好，二人感情很深。汉安帝登上皇位之后，总想着好好报答这个乳娘。仗着对皇帝的抚育之恩，王圣非常骄横，横行朝廷，大肆搜罗财物，搞得乌烟瘴气。杨震看到后十分不满，对汉安帝说："《易经》上讲：'无所遂其心愿，只能在家中操持家务。'"说的是奸诈的妇人不能干预政事。哪知汉安帝根本没采纳，以为杨震是想离间他们母子之间的感情。

得知皇帝态度后，王圣和依附王圣的一帮小人如侍卫官樊丰等，就更加猖狂了。为此杨震忧心忡忡。当时有一个非常正直的官吏叫赵腾，写了一封万言书，十批汉安帝，让汉安帝很没面子。盛怒之下，汉安帝要把赵腾下大狱杀掉。杨震知道赵腾是个人才，所做无非是为了国家，所以想了很多办法营救。然而，汉安帝坚持不改成命，结果不仅赵腾没有救成，杨震也遭到了汉安帝更加的愤恨。

公元124年，汉安帝东巡泰山。期间，樊丰等人假诏大造房屋。杨震发现后，准备等汉安帝一回来就报告。哪知事不严密，樊丰得到了消息，非常害怕。慑于杨震的英名和廉洁，又确实找不出什么把柄，只有借天降不祥之兆，劝汉安帝罢免了杨震的太尉一职，把他发配回老家。

在走到三门峡的陕县、即将进入陕西时，杨震不走了，说："死是一个人不可避免的，我蒙圣恩居位，痛恨奸臣狡猾而不能诛杀，恶嬖女倾乱而不能禁止，我还有什么面目见天下人？"说后饮鸩而死。

透过魏文侯和杨震的故事，我们能得到什么启示呢？

第一，要坚守正道。哪怕遇到他人暂时不理解，也不为所动

面对韩国和赵国分别来借兵去攻打对方，魏文侯不仅直接拒绝，而且在拒绝之后也不张扬。时过境迁，道义自现，道义是我们需要把握的，魏文侯坚持的道义，在我们今天看来，就是法律、纪律和规矩。坚持我们应该做的事情，哪怕别人暂时不理解，没关系，相信有一天总会理解的。

第二，担当乃职责所在

以杨震的德高望重，他完全可以寿终正寝，没有必要去犯颜直谏。但杨震深知自己作为朝廷重臣的职责所在，所以在死前才会说"蒙居圣恩，身处高位，如果不能诛杀奸臣和扰乱朝廷的恶人，又以何面目见天下"。其实所谓担当，就是把职责履行到位。

《资治通鉴》里还有一个类似的故事：

北魏拓跋焘时期，发生了一个震惊全国的大案，叫"崔浩死案"。崔浩是史官，鲜卑人为了弘扬自己的历史，实施了一项重大文化工程，那就是让身为汉族杰出知识分子的崔浩负责为他们修编历史。领到任务后，崔浩不负众望，很快高水平地完成了修史工作，得到了皇帝的充分肯定。

人一有名望，身边就少不了聚集一些小人，这些人想借着名望或多或少谋一点自己的利益。其中有一个叫郗标的小人，对崔浩说，这么好的东西，要是藏在深阁中，没人看到的话，岂不是太可惜了？我建议你把它用石头刻在全国各个道路的两旁。崔浩说这个好啊，于是按郗标的建议办了。

说到修编国史，有句话叫"孔子著春秋，乱臣贼子惧"。说的是修史讲究的是春秋笔法，即尊重事实，把治国理政和与国家治理有关的一些宫廷生活事实全面记录。皇帝和当朝权贵都是鲜卑人，作为少数民族，他们有些不愿人见、不太光彩的生活方式是不希望公之于众的。刻于全国道路两旁，相当于明示天下。这样一来，鲜卑贵族很不高兴，跑到拓跋焘那告状，说崔浩居心叵测，一怒之下，拓跋焘判崔浩"暴扬国恶，罪当处死"。

在这当中，受株连的史官多达千人，其中有一个人叫高允。调查显示高允逃不脱干系，但他有一个特殊身份，是太子老师。太子一想，不能让老师受牵连，否则要被杀头的，就对高允说："明天你跟我一起去见陛下，我说啥你听着，不要随便插嘴。"

见了拓跋焘后，太子说："高允只是做一些辅助性工作，主要观点都是崔浩的，这件事跟他没多大关系。"太子说完后，皇帝拓跋焘问高允是这样吗？

太子给高允使眼色，高允却装作没看见似的径直说："禀告陛下，不是这样的，崔浩虽然为国史主修官，但他工作繁忙，很多具体思路、具体事、具体稿都是我写的，我理当同罪。"

听完这话，拓跋焘感觉这个问题很严重，要真如此，太子不就是说假话了吗？于是追问太子他说的是真的吗？

太子赶快辩解说："禀告父王，他说的都是假话，他之所以这么说，是因为您太威严了，他第一次见到您，语无伦次，思路都错了。"

高允却说："不是这样的，太子是因为我当过他的老师，有意同情我，所以才为我开脱。"

听完这个话，拓跋焘很感慨地说："想不到刀斧加颈，你还能坚守心中的道义。"感动之余把高允赦免了。

崔浩也好，高允也罢，在历史的修编中肯定都起着非常重要的作用，但作为高允，据史修编，说实话办实事，写事实文章，是其职责所在，在这个过程中，他认为是我做的，我就担当，该我做的我有什么好拒绝的，有什么好隐瞒的，该说真话就得说真话。现在有的管理者，自以为聪明，明明没有做成的，说做成了；明明没做好，说做好了；明明只做到这个程度，却说做到那个程度了。但一检查一督察，问题就出来了。是什么职责，就该做什么事情，无须回避，无须躲避，实际上也不可能避得开。

第三，为官避事平生耻

金朝的元好问有一句"为官避事平生耻，视死如归社稷心"的诗，当官的就是扛事，老躲着事情，绕道走，那当官干什么？

上面所讲的杨震，如果碰到朝廷恶贼当道就绕道走，那肯定不是他杨震，也成就不了他的千古英名。作为管理者，职务也许只是一时的，但职责却是永恒的，是要永载史册的，某年某月某日至某年某月某日，你在担任哪个职务期间，做了些什么事，做得怎么样，不仅会印在所服务组织的发展印迹上，也会印在自己的人生轨迹中。所有的担当，源于自己的人生使命，现于对职责不作选择的坚守。

为而不争

前些日子，看到一位领导写的感叹：有的人，退下来了还舍不得离开，就像戏剧表演一样，作为某个场景的主角，预定的表演时间已经用完，还迟迟不肯退场，直到观众们善意的笑声响起，才意识到该离开了。我如果到该离开的时候，组织部门一宣布，就立马收拾好东西回家，绝不留恋这个舞台，也不会与新上来的人争什么。

这话说得很轻松，但真容易做到吗？现实生活中，绝大多数管理者，付出了辛苦总希望有所回报，更别提那些为了理想曾经辛勤付出并取得一定成绩的人，若想他们在荣誉、成绩、职位、利益等面前毫无想法，什么都不争，该是何其难啊？所以，老子才感慨地说：圣人之道，为而不争。

《资治通鉴》里有这么一个故事：

西汉时期有一个大臣叫丙吉，公元前91年，巫蛊之祸发生时，汉武帝逼杀了太子刘据。刘据刚出生的儿子，也就是后来的汉宣帝刘询受到牵连，被关进了监狱。

丙吉当时就任这个监狱的负责人。他心知刘据和这个皇太孙是无辜的，亲自挑选了几个厚道的女囚，让她们悉心照料刘询。因为刚出生就被关进监狱，刘询的身体一直不怎么好，好几次生病差点死去。丙吉从自己有限的俸禄中拿出一部分，雇了个保姆精心抚养，才使刘询转危为安。

哪知祸不单行，这边刚治好刘询的病，那边，一场杀戮却要来临。原来，晚年的汉武帝神神叨叨，经常犯糊涂。一天，只因听人说关押刘询的监狱里有天子之气，便派人到监狱来，要将里面的人全部杀死。

命令下达后，使臣郭穰来到监狱，不容分说就要将里面的人全杀掉。丙吉用自己的身体堵住大门，硬是不让郭穰进去。说："皇曾孙在，别的人无辜杀死都不可，更何况是皇曾孙？"僵持了整整一宿，郭穰没办法完成使命，只得回去向汉武帝如实禀报。说来也怪，汉武帝这时刚好清醒着，觉得丙吉的话有道理，便收回了成命。

汉宣帝刘询继位后，丙吉绝口不提当年对刘询的恩情。因为一个偶然因素，这件事还是被汉宣帝知道了。

公元前67年，刘询去尚书省检查工作。有一个婢女上书说当年对其有抚养之恩，要求给予赏赐，并且说这个事丙吉知道。听到这个情况，刘询让人去找丙吉核实。丙吉让人把婢女带过来，见面后说道："你抚养皇曾孙时，因为不用心，还挨过我的板子，哪有什么功劳？要说有功劳，只有渭城的胡组、淮阳的郭征卿有恩罢了。"

汉宣帝立即派人去寻访这两人，分别给予丰厚赏赐。直到这时，汉宣帝才明白，这个丙吉才是自己的大恩人，但他始终没有主动提起过。感动之余，要封丙吉为博阳侯，丙吉坚决不接受，说自己绝不能凭空名受赏。

从丙吉的故事中，我们可以看到，一个人，能做到受恩勿忘已经是很了不起的了，但如果能做到几十年如一日的施恩勿念，更是难能可贵！丙吉就是这样的人，无论是在刘询幼时落难的时候，还是在他贵为天子的时候，他总是恪守人臣本分，把自己该做的事做好，至于回报，并不是他做这些事时的初衷。事实上，你越是尽心尽力地做好自己的事，越是不想回报，回报却偏要找上你的门。

唐朝的裴休就是如此。入仕途后不久，因为做事勤勉，为人忠厚，上级想提拔他，好几次都被裴休拒绝。他说："我的才德不够，还是让他人担任好。"大家都说他太傻了，裴休却说："我并非故作谦让，而是深感自己能力不足啊！如果能力不足勉强为之，那么祸事就来了，岂不是自讨苦吃？人要时刻反省自己，不能什么都争。"因为裴休这般持重，人们渐渐改变了对他的看法，更加推崇他。裴休的官职也一升再升，直至宰相。而每次升迁，人们都是心服口服。

丙吉和裴休的故事告诉我们什么呢？

无论是在获取施人以恩的回报，还是在担任更高职位上，丙吉、裴休都没有与他人争，但正因为他们没有争，反而更加凸显了他们的价值。丙吉虽然推辞，但仍然被汉宣帝封了侯，且福延子孙，他的爵位传给后代，直到王莽改朝时才断绝。而裴休也一直被提拔。看似没有争的东西最后也都得到了，所以老子讲："夫唯不争，故天下莫能与之争。"因为其不争，所以天下没有谁能够与他争。说白了，说是不争，其实也是争。很多人看到老子说的这段话，以为是权术，但从根本上说，它不是权术，而是一种豁达，是一种智慧。在争里面隐含着不争，在不争里面也包含着争。只不过，在现实的物欲与利益面前，我们往往会被迷惑双眼，在不争的同时不知道自己其实还应该去争些什么，在争的同时不知道自己也应该有所不争。

就拿裴休来说吧，面对提拔这样的好事，他先想到的不是去争这个职位，而是去争自己有没有担当这个职位的能力。争外在职位，具有很大的不确定性也很难长久；争内在能力，却是必然可见且可以长久的。

人们为什么要争？从哲学角度分析，按照黎鸣先生的说法，每个人与生俱来都有三大原恶，即任性、懒惰和嫉妒。这三大原恶会因为人现实的行为而加重或减轻，但不会根除。人为什么要争，恐怕与这三大原恶有着密切关系。

任性，即否认人类的一切理性。其实质是对人类既存文明的排斥，是拒绝接受人类既存文明的规范。如无视前人总结的各种知识，无视公共理性、道德、法律、制度的约束，凡事我行我素。

人要自然适然地生活，必须要遵守一些既定准则，该是你的就是你的，该是怎么样就是怎么样。但是因为任性的存在，很多人不愿意承认某些既定的事实，非要较着劲，不停地争来争去，结果只能事与愿违。

有一个典型例子，《红楼梦》里的贾政，在对贾宝玉的教育上，明知儿子不是那块料，又不愿付出心血，遵从教育的规律用心引导，还非得争一个虚名，希望儿子能够出人头地，给自己增光添彩，故采取"棍棒之下出孝子"的路数，对贾宝玉严加管教，结果贾宝玉并不领这个情，该咋样还是咋样，让贾政落了个竹篮打水一场空。

懒惰，即拒绝用自己的肉体去体验真正的生活，其实质是人类身上的惰性，怯于体验，希望以较少的劳动或者不劳动获得更多的享受。为什么有那么多的人在名利面前不是"退而结网"却是"寸土必争"，很重要的一个原因，无非是想以较少的付出得到较多的收获。

至于嫉妒，则来自竞争中自私者内心的失落感。他人的天赋、好运和成就通常会引发人们内心的失落感。对他人的这些所谓成功，艳羡或者恶意伤害的人也许较少，但却有很多的人会想：凭什么他能得到，我却不能？由此也要去争。

任性、懒惰与嫉妒，如同我们的心魔一样，使我们不知不觉中陷入了争斗的旋涡。那么，我们又该如何遏制这个心魔，使自己做到为而不争呢？

一是修养心性

我们从开始工作，就为争着有一个温饱的生活而努力，到了温饱后又争着步入小康，步入小康后争着想殷实，到了殷实后又想富足，富足之后又想成为富豪。总之，这一生争来争去，不知道何时才会满足。久而久之，满足成了一个奢侈品和稍纵即逝的空虚，不满足反而成了人生的一个目标，以至于人在不停地争斗与努力中了此一生。所以钱穆先生讲："就人类而言，心最先，次及生命，再次及身体，即物质。可以说，宇宙间，心灵价值最高，生命价值次之，而物质价值最低。心灵价值虽高，却无法离开较它价值为低的生命，生命也不得不依赖较它价值又低的身躯。如此则高价值不得不依赖于低价值的表现而存在，于是不得不为其所牵累而接受其限制，这是宇宙人生一件无可奈何的事。"

何以摆脱这种无可奈何的困境呢？佛家给出的一个做法是：

只要你在心上下功夫，向生命自身之内寻找满足，你就无须辛苦地努力，也能安逸地享受幸福的人生。所谓幸福，并不是某种舒服的感觉，而是一种满足，即满足于我们的生活方式完全呼应我们最深刻的本性。懂得了这一点，我们就会明白，争来争去又有何意义呢？

二是培育广泛的兴趣

泰戈尔有一句诗：如果你因为错过太阳而哭泣，那么你也将错过星星。现实生活中，为什么那么多的人因为错过了太阳就要哭泣，一个很大的可能就是他们的心目中只有太阳。兴趣爱好就如太阳和星星一样，如果你只是关注使人更光鲜的太阳，那么对点亮生活诸多乐趣的星星就可能视而不见。况且，这繁多的星星，各自有着令人神往的乐趣，这正如培根所说："读史使人明智，读诗使人聪慧，数学使人精密，哲学使人深刻，伦理学使人有修养，逻辑修辞之学使人善辩。"此外，琴棋书画、体育、园艺、摄影等均可成为生活的组成部分。有此，又何必苦苦在名利这条路上争个不停呢？

三是学会欣赏他人

源自人性原恶的嫉妒，会激发我们的斗志，这种斗志，在传递推动自己更加努力的正能量的同时，如果不加控制，也会转换为对他人不切实际的鄙视，极端情况下还会转换成一种伤害。平息这种不良情绪，最有效但也是最难做到的就是学会欣赏他人。

美国的麦金利总统当年参加竞选时，其下属有一个才华横溢的笔杆子，专门为麦金利精心准备了一份竞选演讲稿。演讲稿写出后，这个人四处吹嘘，声称比任何人写得都高明。麦金利总统看了以后，认为这篇演讲稿虽然有一些亮点，但因为没有突出自己的竞选特点，所以基本无用。尽管如此，他还是对作者说，这确实是一篇极其精彩的演讲稿，只是离我想的还有些差距，你能按照我的要求再改改吗？这个人照办了，后来，他迅速成长为竞选团队中最得力的助手，而麦金利也如愿赢得了总统宝座。

学会欣赏他人，就是要学会用放大镜去看别人的优点，见贤思齐，养成这样的思维习惯，慢慢也就心平气和了，如此，还会有什么争的意愿呢?

四是专注于当下

卡纳基在《人性的弱点》中讲了这么一个故事:

1871年的一个春天,蒙特利尔综合医院一名年轻的医科学生,正在为怎样获得一个好成绩和为将来如何创业烦恼。非常幸运的是,他读到了一本书,并牢牢记住了影响他一生的21个单词。他遵照这21个单词的指引努力工作,从而使他成了那个时代最为著名的医学家,获得了当时英国医学人员所能得到的最高荣誉——牛津大学医学院钦定教授,不仅如此,他还创办了世界著名的约翰·霍普金斯医学院。

这个人就是威廉·奥斯勒,影响他一生的21个单词是:"对我们来说最重要的不是去看远方模糊的事,而是做手边清楚的事(our main business is not to see what lies dimly at a distance, but to do what lies clearly at hand)。"秉承这样的心态去做事,在不争中把每个当下都过得很充实,没准,成功还会找上门来呢!

这正如美国有一句谚语:专注的人更容易获得成功(concentration leads to success)。堪称当代商业史上传奇人物的任正非,在回答华为为什么在短短的时间内,能够从一个默默无闻的小作坊成长为通信领域的全球领导者时,说了这么一句话,那就是28年来我们坚定不移地只对着通信领域这个城墙口冲锋。华为只有几十人的时候如此,几百人、几万人的时候也是如此。面对房地产市场、资本市场的巨大诱惑,心无旁骛地专注于做好实业,做好自己当下的事,这正是通向成功的法宝,也是朴素的管理智慧。

功不可居

《资治通鉴》里有这么一个故事：

东汉末年，奸臣董卓把持朝政，弄得天下民不聊生，司徒王允联合其他同僚，用计借吕布之手，杀死了董卓。因首善之功，王允赢得了朝野上下的尊重。

大权在握的王允，自恃功高，把谁都不放在眼里，在朝堂之上，更是无所顾忌。高阳侯蔡邕为董卓之死叹息了几声，便要以叛逆之罪，将其诛杀。

太尉马日䃅劝王允说，蔡邕是旷世俊才，如果让他完成续写汉史的大业，那将又是一个经典之作。况且他所犯错误不大，杀了他，恐怕会让天下人失望。王允根本不理这一套，说当今乱世，怎么会因为一个佞臣要写史就不杀他。马日䃅知道无力回天，从王允那里退出来后对大家说：王允难道不考虑将来吗？与人为善，这是一个国家的纲纪，修编史书，这是一个国家的圣典，毁灭纲纪废掉圣典，王允怎么可能长久呢？

这话很快应验了。不久，董卓部下因担心王允剿杀他们，起兵反叛，寻机把王允杀了，暴尸三日竟无人收尸。而原来与王允一起谋划诛杀董卓的士孙瑞，因为不与王允争功，把功劳净归于王允，坚决辞去侯爵职位，反而得到了保全。所以司马光感慨地说：易经上讲"劳谦君子有终吉"，相比王允而言，这个士孙瑞有功不自夸，不能不说是智慧之人啊！

曾国藩说："诿罪掠功，此小人事；掩罪夸功，此众人事；让美归功，此君子事；分怨共过，此盛德事。"在人生的名利场上，有功揽于己、有过推于人的事可说屡见不鲜，但王允的败亡却告诉我们：纵然有再大的功劳，不懂分功于人，甚至自恃其功，颐指气使，总有一天会众叛亲离。对管理者而言，干事创业，要有功成不必在我的精神境界和功成必定有我的历史担当。王允居功自傲以致名败身死，归根到底，就是缺乏与地位相应的境界与格局。

格局决定了结局。1783年美国独立战争结束，12月3日举行了一个仪式，总司令华盛顿把权力交给大陆会议，他的讲话十分简洁："我已经完成了赋予我的使命。我将退出这个伟大的舞台，并向庄严的国会告别。我谨在此交出并辞去我所有的公职。"

作为领导美国人民取得独立与自由的领袖，华盛顿有足够居功自傲的理由，但是他却以自己内心的意志战胜了一切现实的荣耀。1796年，在大家推荐他第三次连任总统时，他坚决拒绝。华盛顿的不居功和谦卑，在彰显自己格局的同时，为美国的发展及强大奠定了制度基础。

相比华盛顿而言，王允的居功自傲，本质上还是格局太小，只看到自己的功绩，看不到别人所付出的辛劳，以致与众人离心离德。而士孙瑞之所以得以免祸，就在于他的视野要比王允开阔得多，看到了其没有看到的东西。管理学大师德鲁克曾说，卓有成效的领导者，都深谙四条真理，其中的一条就是：领导能力不是体现在个人的名望上，而是体现在工作的成果上。如果管理者跟王允一样，总是自诩个人能力与功绩，不能团结凝聚起整个团队的力量，那么，不仅个人难以得到最终认可，整个事业也会受挫，这样的个人能力也就不是真正的管理能力。这是我们从王允失败中应该吸取的教训。

慎终如始

唐代有一首非常有名的诗《春江花月夜》，其中写道："江畔何人初见月？江月何年初照人？人生代代无穷已，江月年年只相似。不见江月待何人，但见长江送流水。"人的一生中，起起伏伏，冷冷热热，都是再正常不过的事了。无论曾经多么辉煌，还是多么落魄，与那江畔的月，河边的水相比，在时光的长河中，一切只是过眼云烟。清醒认识自己，不改做人做事的初心，得意时不狂，失意时不馁，是包括管理者在内的每个人都需要修炼的智慧。

《资治通鉴·唐纪》里讲了这么一个故事：

唐玄宗时，有一个宦官叫高力士，因为曾经协助玄宗平定了韦皇后和太平公主之乱，深得玄宗信任，不断升迁，官至骠骑大将军、开府仪同三司这样的大官，被封为齐国公。尽管一直位高权重，但高力士始终保持小心谨慎、忠诚耿直的品性，被誉为"千古贤宦第一人"。

据记载，金吾大将军程伯献、少府监冯绍正与高力士结为兄弟。高力士的母亲去世时，程伯献等人也去接受百官的吊唁，他们披头散发，捶胸顿足，悲声哭泣，比自己母亲死了还要悲痛。高力士娶了吕玄晤的女儿为妻。吕玄晤去世时，朝野上下的人争先恐后前去吊唁哭祭，从他家府门一直排到了墓前。

以高力士的精明，他不可能不知道这些人之所以对他毕恭毕敬的原因所在。这么大的场面，玄宗皇帝不可能不有所耳闻。要知道，自古以来，交结群臣，盛名震主，可都不是闹着玩的，轻则打入冷宫，重则满门抄斩，那唐玄宗为什么对其始终如此信任呢？甚至说："力士上值，吾寝则安。"意思是说只有高力士值班,我才睡得安稳。为此高力士大多数时间都在宫中值班,很少到宫外的府邸居住。各地奏表,都先送给高力士,小一点的事高力士自己就决定了,大的事才上奏玄宗。可见高力士在玄宗心中的分量。做到这种程度的原因,就是源于高力士始终如一,小心谨慎,恭敬有礼。

在职场上有些管理者,职位平平时尚能谦和待人,一旦官当大了,或者得到了更大领导的倚重呵护,或者声名鹊起,取得非常之功时,可能就难以保持一颗平常心了。总觉得过去小心谨慎过得太辛苦,现在好不容易有点小成就了,一直坚持下去也不会有多大意义,所以就放松放松吧,殊不知,这一放松,就有可能前功尽弃,多年的勤奋、一生的英名没准也会付诸东流。

有这么一幅漫画,多少可以说明这个道理:有一个人,信誓旦旦地表示要挖地三尺,找出埋在地下的宝藏。他挖呀挖呀,好不容易挖了一个很深的洞,可是没有发现宝藏,他开始犹豫了,想我是不是挖错了地方,于是就换了一个地方,又开始挖呀挖,挖了一会,还是没有发现宝藏,他有点泄气但还是换了一个地方继续挖,挖了一会依然一无所获。他彻底放弃了,说,也许这里根本就没有宝藏。其实,宝藏就在第三个洞下面的不远处,只要再坚持一会,再用点力,宝藏就属于他了,但是,因为他早已忘记了当初的誓言,结果就只能与即将的成功擦肩而过。

在我们的工作和生活中,是不是同样存在因为不坚持,从而导致前功尽弃的现象呢?老子的《道德经》中有这么一句话:合抱之木,生于毫末;九层之台,起于累土;千里之行,始于足下。任何成功,都是从一点一滴积累起来的,幻想一蹴而就,只能是空中楼阁。只有做到"慎终如始",在每一件事情的最后阶段始终保持当初的激情,才能"则无败事"。

同样是说高力士,安史之乱后,玄宗皇帝被尊为太上皇。虽然儿子肃宗还算孝顺,对老爹始终如一。但肃宗的权臣,也就是小人李辅国可就不这么想了。李辅国对大权旁落的太上皇肆无忌惮,时时处处想着法刁难老皇帝。

一天,李辅国假传肃宗命令,要把老皇帝从兴庆宫迁到西内。护送太上皇的人，只配了二三十个老弱者，到了交叉路口，四面八方却都有执刀的卫士，他们都听从李辅国的命令。

看到这种情况，玄宗很惊恐，好几次掉下马来，都被服侍者扶上了马。大家敢怒不敢言，只有仍在玄宗旁服侍的高力士，尽管权势已不可同日而语，但不改初心，敢说敢做。他骑马径直来到李辅国面前说："太上皇是五十年的太平天子，李辅国你也是老臣了，怎么敢如此无礼，你给我下马！"

李辅国赶紧下了马。高力士宣示了玄宗旨意："将士们应该忠于职守。"

见情形不对，李辅国马上命令士兵把刀放回刀鞘内，齐声喊："太上皇万福！"纷纷向玄宗叩拜。高力士又说："李辅国来牵马。"李辅国赶紧穿上靴子，去牵马，和兵士们一起护送太上皇平安到了西内。

李辅国领众人退出后，玄宗哭着拉起高力士的手说："多亏了你呀！要不，我已成刀下鬼了。"此后不久，怀恨在心的李辅国下假诏书，把高力士流放到瘴气多的地方，高力士并没有任何怨言和后悔，对玄宗始终忠敬如故。流放回京途中，听到了玄宗的死讯，竟然吐血而死。

做到慎终如始，不改初心，有时要付出生命的代价。生命并非不值得珍惜与珍重，而是在人的一生中，总有些能够超越生命本身之外的东西不要轻言放弃，值得去坚持。由此看开去，在管理行为中，我们又该怎样做到慎终如始呢？

第一，不要给自己设限

有一则故事，说是很久以前，有一个古老的部落。有一天，部落的酋长感觉自己快要死了，想在部落中尽快确立一名接班人。于是他把部落中三个最优秀的年轻人叫过来，对他们说："你们三个都是聪明而强壮的好孩子，现在，我要交给你们一个任务，请你们尽可能地去攀登那座一向被我们奉作神山的圣山，然后回来告诉我你们的所见所闻。"

三个年轻人听完到酋长的吩咐后，兴致勃勃地出发了。第一个年轻人边走边想，那座山又高又远，我怎么可能爬上去？越想越觉得脚下没劲,刚走到山脚下他就返回了。这样,不到几天,他就精神抖擞、笑容满面地出现在了酋长的面前,对酋长说:"酋长,我到山顶了,我看到繁花似锦,泉水淙淙,鸟鸣嘤嘤,那地方真不错啊!"

酋长听了,莞尔一笑说:"可惜啊,那是山脚,多年前我也去过。你回去吧,孩子。"

第二个年轻人也上路了,他也边走边想,这座山又高又远,要爬到山顶确实太难了,但以我的体能,还是可以试试,能爬多少是多少。于是他一步一歇,爬到了山腰。这样,在第一个年轻人回来一周后,他也神色疲倦、满脸风霜地回来了:"酋长,我到山顶了,我看到那里有高大肃穆的松树林和展翅翱翔的雄鹰。"

"那可不是山顶,是山腰。不过也难为你了,回去吧,孩子。"酋长说。

这样,只剩下第三个年轻人还在路上。这个年轻人想,虽然这座山又高又远,但没有什么不可能的,我一定要爬上去。于是他咬牙坚持,一鼓作气地爬到了山顶。在第二个年轻人回来一个多月后,这个年轻人也一步一蹭、衣不蔽体地回来了:"酋长,我到山顶了。但是,我什么都没有看到,只有高风悲旋,蓝天低垂。"

"恭喜你,孩子,你真的到达山顶了。按照我们的传统,只有不畏艰险、永不给自己设限的人才能成为我们的酋长。"酋长高兴而郑重地对第三个年轻人说。

为什么第三个年轻人能够到达山顶,而第一、第二个年轻人都前功尽弃了呢?没有做到慎终如始,丧失了当初的那股干劲和激情不能不说是一个重要的原因。有时候,我们习惯给自己设限,并不是因为我们不曾努力,而是因为我们没有一直努力。

第二,不要期待明天还有机会

印度著名哲学家、心灵导师克里希那穆提在《重新认识你自己》一书中曾写过这么一段话:"我们总认为自己将来会有所改变,我们内心所向往的和谐境界也会一点一点、一天一天地实现。事实上,时间并不会带来任何的和谐和平安,我们必须停止这种渐进的想法。这意味着使我们平安的明天是根本不存在的,我们必须在当下这一刻找到和谐。"

可不是吗?我们期待"明天会更好",可是没有今天,哪有明天?我们总会找借口,说"明天还有时间",可是"明日复明日,明日何其多。"佛家讲:一弹指六十刹那,一刹那九百生灭。刹那之间,就有900个念头生灭,所以,禅宗有一句话,"好好看住自己的每一个念头,一刻也不能任其放逸。"可是,我们做到了吗?

有这样一个故事:有一个门徒到上帝那儿请求传授真理。上帝说:"这么热的天,你先给我一杯水吧。"于是,门徒就去敲最近的一户人家的门乞水。门开后,出来了一个妙龄女子,两人一见钟情。门徒想不着急,有的是时间给上帝送水喝,于是拉着这个妙龄女子说个不停。不久,因为情投意合,两人结婚了,并一连生了好几个孩子。有一年,雨下个不停以致洪水泛滥,大水直冲房舍。门徒紧靠门框,手上拉着妻子,肩上扛着孩子,眼看着站不住了,那个门徒大叫道:"上帝啊,救救我们吧。"上帝过来了,问道:"我要的那杯水呢?"

这个故事告诉我们:慎终如始就是任何时候,都不要忘记了自己当初的承诺,这个承诺,不管对自己还是对团队,如果今天能够实现的就一定要今天实现,不要期待还有用不完的明天,不这样做的话,没准明天我们就会付出很高的代价。只有珍惜每一个当下,我们才有可能拥有更美好的明天。

第三,坚守自我的信念

在通往成功的漫漫长路中,即便我们不给自己设限,即便我们每个当下都很努力,但这条路漫漫又长远,在这条漫漫长路上,如果没有一个强大的信念,要想始终做到跟刚上路的时候一样激情澎湃,又是何其之难。

信念是什么?信念就是人生的座右铭,是那个能让我们始终坚持的力量。

印度有一位风度翩翩的年轻哲学家,他的才华和气质令无数少女着迷。有一天，一位非常漂亮的女子对他说："让我做你的妻子吧！错过我，你将找不到比我更爱你的女人了。"

哲学家虽然也被这名女子迷倒了，但是但却习惯性地用哲学家式的语言回答道："让我再考虑考虑。"

哲学家回到家后，对结婚还是不结婚的利弊进行了深入研究，研究结果表明这种利弊是相等的，为此他陷入了深深的苦恼。他后来又经过多年研究，终于得出了一个结论：人们在面临抉择而无法取舍的时候，应该选择自己没有经历过的那一个。我还没有结过婚，结婚是个什么样的情况，我不知道，所以，我应该答应那个女子的请求。于是，他兴冲冲地找到了那个女子的父亲，表示要娶他女儿为妻。

"你来晚了十年。她已是三个孩子的母亲了。"听了哲学家请求，这位父亲淡淡地说。

哲学家苦思冥想了十年得到的结论，被女子父亲一句话就给否定了。他万万没有想到一向引以为豪的哲学头脑，带给他的竟是一场悔恨，一下子忧郁成疾，不到两年便去世了。临死之前，哲学家把自己所有的著作付之一炬，只留下一句话："如果把人生一分为二的话，上半段叫不犹豫，下半段叫不后悔。"

在漫漫人生长路中，如果我们能恪守"不犹豫，不后悔"的信念，何愁不能始终保持"慎终如始"的澎湃激情呢？

似水而行

在管理工作中，免不了与形形色色的人打交道。面对由不同思维习惯、不同性格品质、不同行为方式，甚至不同利益诉求组成的群体，管理者们有时很难从容应对。《资治通鉴》里讲了盛唐能臣褚遂良的故事，或许能给我们些启示。

褚遂良认为，要成为一名能臣，首先在于忠诚，而忠诚之要，就是一以贯之。对李世民，褚遂良十分景仰，心存感激，说话也时刻注意分寸。但在治国理政一些具体事上，也少不了一些分歧。这不，就有一个突出的分歧摆在了两人面前，这就是废立太子之事。

李世民共有14个儿子。大儿子李承乾虽8岁就当了太子，但是不争气，长成了歪瓜裂枣，废了他君臣均无异议。可问题是，立谁来当太子？李世民一度看好魏王泰，对吴王恪也曾有所期待，但褚遂良却认为晋王李治是最合适人选。李世民不选李治，主要是认为这个儿子太过仁弱，当不了家。而褚遂良则认为，正因为仁弱，反而是最好的守成之君。争来争去，最后李世民作了让步，让李治当了太子。

李治继位为唐高宗后，褚遂良自以为是辅政大臣，负有更大责任。所以对新皇帝，一反与唐太宗李世民相处时特别注意的处世之道，采取蛮横甚至要挟的手段直谏。他这就没有看清形势。褚遂良对李治确有拥立之功，但李治并不是个没想法的人，虽然仁弱，也想干一番事业。

面对褚遂良一班老臣，李治很压抑，想着只要有机会，一定把他们搬开。只可惜，褚遂良没有看到这一点，满怀着只要忠诚为上、其他无须顾忌的思想，依旧我行我素。在高宗强烈要求立武则天为后时，褚遂良公然摆出你如果这么做，我就不干了的架势，逼得高宗下不了台。最后，被高宗贬至外地，靠着几朝老臣身份才没被武则天诛杀，但凄然客死他乡。

褚遂良的宦海沉浮告诉我们，在谋划事业、推进工作的过程中，既要坚定信念，始终如一，也要顺势而为，一味地抗争，并不能带来理想的结果，后退一步，没准还有新的收获。所以老子说：夫唯不争，故天下莫能与之争，这是一种如"水德"的智慧。领悟到了似水而行的奥妙，做起工作来才会从容不迫。

那么，我们该如何似水而行，达到上善若水的境界呢？

第一，要学会适应和妥协

不管什么样的地方，不管什么样的形状，水都能够适应并根据环境的需要来改变自己的形态，所以老子讲"以天下至柔驰骋天下之至坚"。然而，工作中，总有一些固执己见的人，喜欢为一些不值得的事争来争去，出现问题时一味指责别人，既伤了和气，也于事无补。印度哲学家克里希那穆提曾说过一句话："世上最难的事之一，就是单纯地去看一件事。如果我们一开始怪罪或批判他人，就表示我们无法看清真相了。"静下心来，想一想只要不是原则性的问题，改变一下自己，与他人或外在环境适当妥协，又有什么不可呢？

有一则寓言故事。说乡村里有一位农夫，他有一头老驴。有一天，农夫带驴赶集时，老驴不小心掉到了一个深坑里。看着坑里老驴痛苦的样子，农夫断定自己救不了它，想尽快结束驴子的生命以减轻它的痛苦。于是他就开始往坑里填土想把老驴闷死。目睹这一切，老驴发出了愤怒而痛苦的呻吟。但渐渐地，当它发现这一切已无法改变时，便想出了应对之策：每次土打到它背上时，它就用力抖掉，然后踏着土块一步步往上走，到最后，它竟安全地回到了地面。

这则寓言故事实际上是在告诉我们：面对外在的不可改变的环境，与其抱怨，不如在适应中学会改变。正如一位哲人所说，我们决定不了太阳几点钟升起，但可以决定自己几点钟起床。

第二，要坚守自己的本真

日本有一名曾经协助丰臣秀吉南征北战的大将叫黑田孝高，他非常推崇老子。这个人有个称号，叫"如水"，因为他打仗特别善于用水，他曾经总结过一个"水五则"，其中第五条是：汪洋大海，能蒸发为云，变成雨、雪，或化成雾，又或凝结成一面晶莹剔透的冰，不论其变化如何，仍不失其本性，还是水。不管怎样适应和改变，都需要坚持自己应该坚持的最本质的东西，否则变来变去，自己都不知道了为什么要变。

说到本质，它应该是唯一的、简单的。如果我们所确立的事物或者工作的本质不是唯一的、够复杂，那就说明这还不是本质。坚持事物的本质，就是坚守我们的本真。忘记了或者说不能坚守自己的本真，很有可能让自己在改变中变得不知所以。

有这么一个故事。说是有一只羊早上起来去吃草，在去草场的路上，羊突然发现，在朝阳的照射下，自己的影子是如此高大，于是突发奇想：我居然有这么大，还去吃什么草啊？于是，它就掉了个方向，向远方的森林走去，准备去吃树叶。走着走着，一会就到了中午。小羊低头一看，发现自己的影子就那么一丁点，小羊说，我就这么一点大，还吃什么树叶啊？算了，我还是去吃草吧。于是又掉了个头向草地走去。草地比较远，快走到了已接近夕阳西下，小羊回头往地上一看自己的影子，我还是这么高大啊！看来我还是可以去吃树叶的。于是小羊又掉个头向刚才的森林走去。

我们每个人是不是有时候也像这只变来变去的小羊呢？当外在诱惑来临的时候，是不是也会迷失了自己的方向，变来变去，以至于一无所获。

第三，要强化内在的修为

水可以冲掉任何阻挡它前进的东西，也可以洗涤一切污垢，具有强大的容清纳浊的力量。但是，如果只是一滴水，无论如何是不会有这样大的力量的。所以，要做到上善若水，除了要学会适应和坚守本真外，还得不断丰富发展自己，强化内在的修为，让自己足够强大。只有这样，才能在面对复杂的环境时，做到游刃有余。怎样强化内在的修为呢？老子给出了一段话：居善地，心善渊，与善仁，言善信，政善治，事善能，动善时。

居善地，就是居住在低洼之地，可以理解为相处时把自己的位置放低一点，越谦卑越会得到别人的尊重。心善渊，思考问题时要像大海一样深邃宁静，不要让自己日后的行动留下遗憾。与善仁，要结交善人，见贤而思齐。言善信，说话诚实守信，可以不把全部的真话讲出来，但要保证所讲的每一句话都是真话。政善治，居其位而谋其政，精于治理，不负众望。事善能，做自己最擅长的事。动善时，行动把握时机，在恰当的时机恰当的场合做恰当的事。做任何事都是机遇与挑战并存，如果把握不住机遇，剩下的就只有挑战了。历练了这"七善"，何愁在管理工作中不能似水而行、从容不迫呢？

第二部分 明道之术

俗语说："内行看门道，外行看热闹。"门道就是事物的本质和精髓。《资治通鉴》所展示出的中国式管理智慧，其核心是变中有不变，不变中亦有变，根本上是做人做事的道理。做人称为人际关系，做事便是管理绩效。两者相加，即为管理门道。

第四课
如何紧扣目标——精于谋划统筹

　　管理是有组织地实现目标的行为，离开了组织目标，管理的门道就会沦落为单纯的"术"，失去了真正的价值。在目标管理上，管理者有两项特定任务，一是要创造出一个整体，并使其成为一个大于部分之和的生产性实体，实现比资源投入要大的产出效益；二是要分析每一项决策和行动，使其与组织的近期及远期目标有机契合。实现两者之间的统筹兼顾，需要管理者们精心谋划，凝聚众人，突出重点，顺道而为，才能确保组织朝着既定目标前行。

打造共同愿景

　　管理既有人的因素，也有资源的因素，但是能够把人们联结在一个系统中的关键因素却是愿景。现代管理中，说起愿景，不同人的认识可能完全不同。也许有人会想到杰出的成就，想到了把各个管理对象联结在一起的深层次价值。也许有人想到了胆大包天、振奋人心的目标。还有人想到了一些永恒的东西——组织存在的根本原因。想到了那些直指人心，敦促我们做出最大努力的信念，想到了我们要成为什么的梦想。愿景到底是什么呢？它为何如此重要？我们可以通过一个故事来解读。

　　《资治通鉴》记载了南北朝时期的一个传奇人物，也就是后燕之主慕容垂，从他的身上，我们也许可以感受到愿景的魅力。

　　慕容垂是前燕皇帝慕容皝的第五子，从小足智多谋，勇猛过人。父亲慕容皝去世后，其第二子慕容俊即位。没几年，慕容俊也去世了，其幼子慕容暐被立为帝，大权由太傅慕容评和慕容暐之母可足浑氏掌握。慕容垂本来才德过人，加上大败了东晋名将桓温，名望如日中天，这就遭到了慕容评和可足浑氏强烈的嫉妒和排挤，无奈之下，只得投奔了前燕的敌人——前秦王苻坚。

　　有人说下等人是以怨报德，中等人是以德报德，上等人是以德报怨。对慕容垂而言，他完全有一百个怨恨前燕的理由。公元369年，慕容垂跟随已攻灭前燕的前秦王苻坚，来到了昔日前燕的都城——邺城，见到当年曾对他恶言相加的前燕旧臣，表现出相当不悦之色。

　　前郎中令高弼见状，暗中对慕容垂曰："大王以命世之姿，遭无妄之运，迍邅凄伏，艰亦至矣。天启嘉会，灵命暂迁，此乃鸿渐之始，龙变之初，深愿仁慈有以慰之。且夫高世之略必怀遗俗之规，方当网漏吞舟，以弘苞养之义；收纳旧臣之胄，以成为山之功，奈何以一怒捐之？窃为大王不取。"（《晋书·慕容垂载记》）意思是说，慕容大王您无端受到猜忌排斥，经历了很多艰难与波折。现在，时来运转，更大的变化还在后面。志向高远的人当虚怀若谷，真诚对待、用心收纳那些旧朋故交，以成就日后更大的事业，怎么能以怒怨相对呢？听了高弼的话，慕容垂深以为然，一改对前燕的愤恨，在内心确立了要中兴燕室的愿景。

愿景虽然确立了，但要实现还真不是一件容易的事。慕容垂投奔前秦后，虽然苻坚对他礼遇有加，但前秦重臣王猛心知慕容垂不是平庸之人，有朝一日一定会再起宏图，因此对他严加防范。王猛曾多次劝苻坚杀掉慕容垂，好在苻坚没有听。在此情形下，自身性命都没保障，实现中兴燕室的愿景又谈何容易。

好在，随着王猛去世，机会来了。王猛去世后，前秦社会危机逐渐暴露出来。太元元年（公元376年），阳平国常侍慕容绍觉察到这种变化，对其兄慕容楷说："秦恃其强大，务胜不休，北戍云中，南守蜀、汉，转运万里，道殣相望。兵疲于外，民困于内，危亡近矣。冠军叔(慕容垂)仁智度英拔，必能恢复燕祚，吾属但当爱身以待时耳。"（《资治通鉴·卷第一百四》)太元二年（公元377年），慕容垂的儿子慕容农也暗中对慕容垂说："自王猛之死，秦之法制，日以颓靡，今又重之以奢侈，殃将至矣，图谶之言，行当有验。大王宜结纳英杰以承天意，时不可失也！"这两段话的核心意思就是：前秦不行了，我们终于等到了机会，希望慕容垂大王能够秉承天意，交纳英才豪杰以中兴燕室。慕容垂其实早有此意，只不过为防止泄密，便笑着说："天下事非尔所及。"（《资治通鉴·卷第一百四》）意思是天下事哪是你们几个所知道的啊？

所谓愿景的实现，只有想不到，没有做不到。时机说来就来，公元382年，苻坚决心攻打东晋。征求大臣们意见时，很多人都认为时机尚不成熟。只有慕容垂，因为从中看到了一个绝佳的削弱前秦、复兴燕国的机会，表态全力支持。

慕容垂对苻坚说："弱并于强，小并于大，此理势自然，非难知也。以陛下神武应期，威加海外，虎旅百万，韩、白满朝，而蕞尔江南，独违王命，岂可复留之以遗子孙哉！《诗》云：'谋夫孔多，是用不集。'陛下断自圣心足矣，何必广询朝众！晋武平吴，所仗者张、杜二三臣而已，若从朝众之言，岂有混壹之功乎！"意思是说，这个东晋根本不是什么对手，要灭掉它是天道规律，你不要理会什么谋臣，真正干大事的，所倚仗的不过是几个人罢了。苻坚听了高兴地说："能够与我共享天下的，只有你一人啊。"（《资治通鉴·卷第一百四》）有时候成就大业的人可能不拘小节，历史上也会有人拿慕容垂的这个事，来说他人品确实不怎么样。但殊不知，就在进攻东晋失利后，也是慕容垂坚定地支持了苻坚，原封不动地把3万人马全部还给了苻坚，从而使战败后的苻坚有了立足之本，这当然是后话了。

历史的车轮一旦滚滚开动，就再难阻挡它前进的力量。身怀伟大愿景的慕容垂，在经过漫长而又艰苦的准备后，于公元384年揭竿而起，终于完成了中兴燕国的大业。

从慕容垂中兴燕国愿景的实现中，我们可以得到什么启示呢？

第一，愿景一定要远大

一个团队要想有战斗力，必须要有凝聚力。如果凝聚力缺乏，连人都拢不到一块，靠什么去战斗呢？

在管理中可能会遇到这样的情况，在企业承平发展之时，员工们少不了有些懈怠思想，心想企业目前好好的，干吗要费劲去折腾？至于压力，那是你管理者的事，跟我有什么关系？出现这种情况，管理者自然是不愿看到的。但还有一种情况，可能比这个更糟，那就是，员工身在曹营心在汉，想的是我只不过是个干活的，哪里机会多、哪里赚的钱多，我就要往哪里去。有责任心的，看管理者对他不错，拿一分钱，做一分事，稍差一点的，则是能偷懒则偷懒，一旦有更好的机会立马跳槽走人，没有任何忠诚可言。这种选择，从追求个人利益的角度来看，无可厚非，但从企业发展的角度看，管理者们就要深思了，究竟是什么原因让你的员工不能安心工作，又有什么方法让他们无怨无悔地做好自己的工作呢？

慕容垂从立下中兴燕国的愿景到全面实现这个愿景，前后近十五年。在十五年中，前有王猛及一帮前秦大臣的防范猜忌，后有与前秦在战场上的直接拼杀，稍有不慎，可能自家性命都玩完，不可能给任何人更多的金钱与权力。但即使处于这样的境地，不仅他的几个儿子，而且前燕旧臣之子慕容腾和段延等，都不讲条件地坚决跟随，最后终成大业。是什么力量在驱使他们，使他们能够从容抛却对自身安全、利益的计较，那就是屹立在他们心中的一个崇高的愿景——光复故国，恢复祖先的荣耀，在自己的土地上自由自在地生活。

崇高的愿景，就是一种强大的信念，它能够激励队伍焕发出不可想象的力量。1935年，红军长征到达陕北时，只剩下8000人，人困马乏，装备极差，但仍把装备精良的西北军打得大败。为此张学良感慨万分地说，红军走了二万五千里，是一支疲惫之师，还能把我的部队打得大败。我们都是带兵的，我们谁能把部队带成这个样子？走了二万五千里，还跟着你走，而且还能打胜仗，还没把部队带没了，带散了！其实，这一点也不值得奇怪，毛泽东在《论联合政府》一文中，就解开了这个谜团："这支军队之所以有力量，是因为所有参加这个军队的人，都具有自觉的纪律；他们不是为着少数人或狭隘集团的私利，而是为着广大人民群众的利益，为着全民族的利益而结合、而战斗的。紧紧地和中国人民站在一起，全心全意地为中国人民服务，就是这个军队的唯一的宗旨。"为着全民族的利益而结合而战斗，如同慕容垂为着中兴燕室而战斗一样，都是崇高的愿景，是能够激励人们永远跟随且富有战斗力的根源所在。

什么是崇高的愿景？吉姆·柯林斯在《基业长青》一书中说，崇高愿景就是企业经久不衰的使命。它深刻回答了"我们渴望成为什么，达到什么境界和创造出什么"的未来前景，是直指人心的力量，所以能够经久不衰。

在管理中，对管理对象，如果只是从给钱给权这些物质上的承诺入手，须知物质是很难有止境的，因此由这种承诺实现所带来的满足与忠诚很难持久。我们需要关注并且相信，只有为管理团队设置一个崇高的愿景，才能激发起团队持续的战斗力。这个崇高愿景，须要有个远大目标和对这个远大目标的生动表述，才会具有无比强大的力量。一如慕容垂所说的要中兴燕室、还于旧都；毛泽东所说的为着全民族和全体人民的利益而战斗，要打倒一切反动派，让中国人民自己当家作主人。管理者们一旦为团队确立了类似的崇高愿景，实现管理目标相信也只是时日问题了。

第二，愿景一定要始终坚守

愿景既然是崇高的，那就不应该轻言放弃与改变。吉姆·柯林斯将之称为永恒不变的核心价值。是区别你之所以还是你自己的一个重要标志。在管理中，我们经常会碰到这样一些情况：有的管理者，很容易被外在的诱惑所干扰，随波逐流，愿景飘忽不定，弄得团队无所适从。还有的管理者，在愿景实现道路上，稍遇到一点挑战或者挫折，便开始置疑甚至否定自己的愿景，这些都是不可取的。

在15年的等待与抗争的岁月中，慕容垂不管遇到什么样的艰辛与诱惑，都始终没有放弃对中兴燕室这一愿景的坚守。王猛当权时，他时刻面临性命之忧，没有放弃。决定起兵之时，前秦将军符飞龙对他磨刀霍霍，没有放弃。起兵之后，将军翟斌自恃有功邀赏不得，从而萌生反叛之心，对他形成直接威胁时，他没有放弃。正因为这些不放弃所构成的坚持，慕容垂才获得了最后的成功。

机会从来是留给有准备的头脑，也是留给愿意坚持的头脑。在实现愿景的过程中，不可能总是一帆风顺。有的管理者，一看怎么这么努力，愿景还没看见个影子，就灰心了、懈怠了、放弃了。殊不知，成功也许就在一步之遥，因为没有坚持下来，所以前功尽弃，这是最可惜的！

第三，实现愿景须有正确的方式

愿景是目的，方式是手段。崇高的愿景也须有正确的手段来实现。否则，靠歪门邪道、投机取巧等不良手段所达到的目的，既为人所不齿，长远来看也会损伤团队的影响力和凝聚力。

淝水大战后，前秦各路军队全都溃散，只有慕容垂统领的三万人保全完整，苻坚于是带领一千多骑兵到了他那里。按照常人的想法，这时候趁苻坚实力不济，率兵反叛，会很容易取得恢复燕室的成功。他的长子慕容宝、奋威将军慕容德、参军赵秋等人也纷纷从不同角度向慕容宝劝说，核心意思只有一条：这可是天赐良机啊！大王，你就抓紧动手吧。但是，慕容垂却说，我过去被太傅慕容评逼得走投无路时，是苻坚收留并且像对待国中才能出众的人一样来对待我，恩义礼遇备至。在我又被王猛中伤以至自己都无法证明自己之时，也是苻坚的明察才救我一命，这样的恩情怎能忘记呢？如果上天真要抛弃前秦，不用担心它不灭亡。不如在危难中保护他以报答他的恩德，以后有机会时再图谋大业，不也是很好的吗？

慕容垂作为一个有谋略、有远见的管理者，他的高明之处就在于能够看到别人所看不到的东西，绝不会因为愿景正确就不择手段。试想一下，如果这次乘人之危反叛，失败了，必会招致天下人的耻笑。即便侥幸取得了成功，实现了梦寐以求的愿景，但天下人都知道了你乘人之危的真相，以后谁都不会再信任你。更重要的是，慕容垂懂得，比打下江山更难的，是如何坐稳这个江山。今天跟着你采取不仁不义之举，通过攫取前秦力量达到了自己目的，那么试想，有朝一日，如果当燕国面临类似情况时，将士们是不是也会落井下石，背你而去呢？一旦出现这样的结局，这样的中兴又有什么意义呢？

管理学大师德鲁克在《卓有成效的管理者》一书中说：正确决策必须具备五个特征，其中一个很重要的特征就是：仔细思考解决问题的正确方案是什么？以及这些方案必须满足哪些条件？然后再考虑必要的妥协、适应及让步事项，以期该决策能被接受。在愿景的实现方式与时机上，同样也需要正确的决策，如果没有符合道义及客观规律的实现方式，不管愿景如何崇高，最终也难逃要么难实现、要么只是昙花一现的结局。

团结才有力量

作为一名管理者，怎样让自己所领导的团队团结共事，齐心协力迎接各种各样的挑战，从而确保管理目标的实现，无疑是管理工作中的一件大事。在这方面，《资治通鉴》又能给我们什么样的启示呢？

《资治通鉴》开篇即讲了三国分晋的故事。其中有这么一个情节，说是晋国四卿之一的智瑶飞扬跋扈、贪得无厌。有一次与大夫韩康子、魏桓子饮酒，席间竟然戏弄韩康子和他的家臣段规，韩康子非常恼火，但苦于实力不如人家，只好咽下这口恶气。

不久，智瑶开口向韩康子、魏桓子和另一个大夫赵襄子索要土地。韩、魏迫于压力分别答应了，只有赵襄子拒不答应。于是，智瑶就联合韩、魏进攻赵国，约定攻下赵国后三家瓜分其土地。由于联军势力强大，抵抗不久，赵襄子就被迫退守晋阳。智瑶又命令士兵水淹晋阳，大水一直漫延到距城墙最高处只有三版（古代城墙计量单位，高2尺，宽8尺）的地方，晋阳城危在旦夕。

情急之下，赵襄子派张孟秘密出城拜会韩康子和魏桓子，说唇亡齿寒，如果赵被灭了，接下来就是智瑶来灭你们俩了，不如我们联合起来，一起灭了智瑶，再分他的土地，如何？这韩康子和魏桓子一听，好啊，智瑶不厚道，欺压我们已久，我们早就想反了。于是反戈一击，引水倒淹智瑶军，使其全军覆没。

在《资治通鉴》中，司马光针对智瑶的所作所为，着重论述了德与才的关系问题。其实，这个历史事实能够引起我们深思的，除了德才关系之外，还有团结问题。对于智瑶、韩康子、魏桓子这个团队，在面对攻打赵国这个任务时，为什么刚开始还团结一心，而后来被人一鼓弄，便分道扬镳了呢？究竟什么样的团结才是真正的团结？或者说，团结到底有哪几个层次呢？

第一个层次，是建立在自我中心基础上的团结

在以这个层次的团结所组建的团队中，团队成员本着事不关己、高高挂起的态度，对团队同伴的某些不良行为，只要不涉及自身利益，就不管不问。只要不是自己职责范围内的事，能推则推甚至不理不睬。总之，就是宁可得罪事，绝不得罪人，坚决做老好人。

这样一个团队，表面上看，大家相安无事，是团结了，是和谐了，但是一些通过同事提醒本来能够避免的问题却出现了，一些通过同事帮助本来能够提高水平的工作停滞了。长此以往，这个团队必然是浑浑噩噩，了无长进，不可能干成什么大事，更不用说是那些具有挑战意义的需要忍受非议的大事了。

第二个层次，是建立在共同利益基础上的团结

在以这个层次的团结所组建的团队中，某一团队成员和相关成员为了共同利益，会与第一个层次的完全以自我为中心的团队不同，即使彼此之间本不愿管别人的什么闲事，但是为了实现双方利益的最大化，也会去帮助或提醒他人。

比如团队中的两个人去摘高树上的桃子，要想吃到桃子，必须一个人先用肩扛着另一个人，让他先吃到桃子，然后两人再交换。至于团队是不是有桃子吃，并不是他们所关注的。这样的团结，在双方共同利益足够大足够长久时，是可以维持的，也可能会促进事业的发展。一旦双方赖以团结共事的共同利益发生变化，这种团结也会烟消云散。比如，当树上的桃子很少又大小不均时，让谁先上，让谁吃大的桃子？即使最终两人都能够吃到桃，但心里不一定都开心。当树上的桃被摘完时，这种团结联盟便宣告终结了。这个比喻实际上是要告诉我们，以共同利益求团结的团队，利益存则团结存，利益亡则团结亡，这可能就是韩康子、魏桓子在面对赵襄子的游说后改变主意、与智瑶决裂的原因了。

第三个层次，是建立在团队核心价值观基础上的团结

这是团结的最高层次。试想一下，如果一个团队没有共同的核心价值观，有的想升官发财，有的想安于享受，有的想干事创业，每个人都心怀不同的利益诉求，怎么可能形成高度的团结？要想实现高度的团结，只有一条道路，那就是：让每一个团队成员都把遵从团队核心价值观、实现团队价值最大化作为自己的追求。

在团队核心价值观的指引下，一个团队成员对另外一个团队成员，相互之间该批评时批评，该帮助时帮助，该提醒时提醒。帮助提醒别人的人不会担心别人说自己显摆，而被帮助提醒的人也不会认为自己丢了面子。大家只有一个目标，那就是团队的价值、团队的利益最大化。在这样一个团队里，大家所想的是如何共同把团队的蛋糕做大，而不是想到谁先吃谁后吃，谁吃得多谁吃得少。在这样一个团队里，可能大家无须更多的交流，但彼此相互认同，充满了理解与宽容。

还是拿摘桃子做比喻，心系团队价值的人，大家也会结对去摘高树上的桃子，但与第二层次团结的团队所不同的是，摘桃子的人不会先吃桃子，而是把摘下的桃子集中起来，让每一个团队成员都能够根据自己的肚子大小、尽情享用劳动的果实。其实，对一个团队而言，真正重要的不是你能做什么，而是你为团队做了些什么。

团结层次的高下，特别是管理团队团结层次的高下，直接决定了一个团队凝聚力和战斗力水平的高下。如何才能实现团结呢？华为的一套做法值得借鉴。

任正非在《华为的冬天》一文中写道："我们一定要推行以自我批判为中心的组织改造和优化活动。""公司认为自我批判是个人进步的好方法。"自我批判从高级干部开始，高级干部每年都有民主生活会，民主生活会上提出的问题是非常尖锐的。"下面也要有民主生活会，一定要相互提意见，相互提意见时一定要和风细雨。"

任正非这套促进团结的做法，就是定期召开民主生活会，开展批评与自我批评。通过批评与自我批评，能够使管理者和部属们正确认识自己，把缺点暴露在阳光下，通过组织途径有序舒解自己的主张和诉求，在促进大家更好地认识自己的同时，也使人与人之间的关系，在没有猜忌和隐瞒的轻松中进一步得到纯洁，这不失为一套促进团结的有效方法。

全力做好最重要的事

对管理者来说,虽然目标是确定的,但实现目标的工作却是具体的。限于有限的时间和精力,一个人很难把这些具体工作同时都做好,管理者必须在优先做哪件事上作出选择,清醒坚定地把一些可做可不做的事、一些可以缓一缓再做的事暂时放在一边,全力做好最重要的事,才可取得事半功倍的效果。

《资治通鉴》里记载了这么一个故事:

公元前206年,刘邦率军攻入了咸阳。辛苦征战多年、饱受饥寒之苦的将士们一进咸阳,便争先恐后地肆意抢夺瓜分财物,唯独萧何率先入宫,寻找到了秦朝丞相府的地理图册、文书、户籍簿等档案,并将它们收藏了起来,后来借助这些东西,刘邦得以全面了解天下的山川要塞、户口多少及财力物力强弱分布。

命运的差异在一定程度上就源于选择的不同。而选择背后的关键,就是确定什么东西是你心中最重要的。对一些管理者而言,选择的依据是要解决昨天的困难,而不是为了一个新的明天。从这个意义上说,那些抢夺财宝的将军和士兵都是一样的。因为过去穷怕了、苦极了,好不容易逮到个发财享受的机会,岂能轻易放过?至于团队明天何去何从,他们是没有想到或者说想得不够充分。

那么,到底该如何确定什么才是自己最重要的事情呢?或者说,确定事情优先次序的原则到底是什么?

第一,要着眼未来而不是着眼过去

评价萧何功劳时,刘邦曾说:"镇国家,抚百姓,给饷馈,不绝粮道,吾不如萧何。"这不是刘邦谦虚,萧何确实有这样的本事。这本事的背后,是他的眼光。

在兵荒马乱、众人只知哄抢财宝之时，萧何能够冷静地去收集秦王朝的地理图集、人口财富分布图，没有这些基本资料，他怎么可能从容地做到合理调配天下资源，从而使百姓不致穷乱，军队时刻拥有充足的粮食供应呢？这就是萧何在决定事情的优先次序时，首先把对未来的考虑而不是基于过去所遭受的苦难作为选择的依据。试想，如果只是基于过去所遭受的苦难，满足于当前的获得，那么萧何与其他将士就没有什么区别，何以能取得让刘邦都叹为观止的成就？

对管理者来说，有时候，决定延缓或者不做一项工作，并不是一件愉快的事。因为可能我们没做，别人却做了，无形中总会有些失落，特别是当这些事情与切身利益密切相关时，感受得会更强烈。所以，要坚持以未来而不是以过去作为自己选择重要事项的依据，既需要眼光，更需要勇气。要心甘情愿走别人没有走或者不想走的路，是管理者一项重要的修炼。

第二，要重视机会，既不能贪图眼前的享受，更不能畏惧前进道路上的困难

机遇都是险中求的。在确定哪些才是重要的事情时，要远离自己的"舒服区"。人都是有惰性的，管理者也不例外，那些唾手可得的东西确实会让我们感到很舒服，但舒服之后怎么办？也许就在舒服享受的时刻，机会就悄悄地溜走了。

上世纪80年代，北欧航空公司总裁詹·卡尔森为着力改变公司多年来的舒适工作状态，重新定义了公司运营理念：北欧航空不仅是一堆有形资产的集合，更是一次令人满意的接触，一方是乘客，另一方是直接服务乘客的员工。一年中，北欧航空的员工有5000万次直接服务乘客的机会，包括当乘客打电话预订一个航班时，当乘客到达机场检查行李时，当乘客走进机场把票放在检票台上时……这些关键时刻，无论多么微小，都是塑造形象的机会。北欧航空要做的，就是利用这5000万个关键时刻，证明搭乘他们的航班是明智的选择。

在卡尔林的强力推进下，濒临破产的北欧航空不仅起死回生，而且取得了巨大成功。1986年，他在总结成功经验的基础上，出版了《关键时刻MOT》（*Moments of Truth*）一书，引领了重视关键时刻，推动服务升级和企业价值创造的新风尚，成为企业管理发展史上的时代记忆。

眼睛向前，重视机会，也不要为前进道路上的困难所吓倒。作出一个重要决定，实际上就是在当下为未来选一条马上要走的路，很多情况下这条前进的道路也许就是唯一的出路，所以对可能出现的困难，畏惧也没有多大用处。攻灭秦朝后，又历经五年多的楚汉相争，萧何一方终于赢得了最后的胜利。其中所经历的艰难困苦，哪里是初入咸阳宫时，萧何所能预测到的呢？但是，他知道，很多东西是因为相信才看见，而不是因为看见才相信。相信这样做，才有夺取天下的机会。不走，就没有机会了，至于以后可能遇到的困难，哪能管那么多呢？

第三，要坚定自己的方向，而不是盲从

一个成熟的管理者，就是在一个人云亦云的环境中，在内心仍能够坚守自己行为准则的人。管理者有时候是孤独的，但唯有孤独会让自己更清晰地认识现状与使命，在大是大非上作出正确选择。

萧何就是这样的人，在将士们争相抢夺财宝的同时，他选择了坚守而不是盲从，径直一人来到宫廷的藏书房，相信他在收集那些地图、户籍等文档资料时，四周是多么的寂静。他独自一人，在那里忙碌查询，表面上看是孤独的，但就萧何的内心来说，他一定不是孤独的，他一定会想到，我终于有机会能够全面了解国家的各种基本情况了，这该是一件多么有意义的事啊！身为管理者，有时候就需要像高尔基笔下的丹柯一样，不管别人怎么质疑，也要坚定前行的道路，哪怕把自己的心掏出来，把它当成火炬，以指引人们前行也在所不惜，这就是管理者在决定应当做什么事时必需的情怀。

第四，要守正创新

成功的事业，不是迁就现有产品线来开发新产品的事业，而是以开发新技术或开发新事业为宗旨的事业。

在确定什么才是要事时，要有投入产出概念。一般来说，新的东西确实会有一定的风险、有艰辛和不确定性，但对一个团队而言，要想有更大作为，只是满足于解决旧问题是不够的，没有持续的活力，团队就会缺乏成长的动力。只有依靠创新，才能破解这个难题，让机会最大限度地转化为成果，从而让团队的生产力持续增强。

比如，进宫后，萧何完全可以如众人一样去收拾财宝；也可如常规一样从解决当前最突出的问题，也就是打赢与项羽的争霸战入手，去收集能够帮助他们增加实力的兵器和兵书；萧何却深谋远虑，去收集地理图册、户籍文档等，这反映了他的创新意识和远见卓识。只有走常人没有走的路，才有可能取得非常的成功。

第五，要全力以赴

为什么要全力以赴？这不仅是管理者工作性质的需要，也是由人的特点所决定的。管理者每天要做的事都很多，而时间却有限。任何一项有关管理者贡献的分析，都显示出管理者的重要工作都很多。任何一项有关管理者时间的分析，都显示出管理的时间实在是太有限了。

不管每一位管理者如何善于管理时间，总有绝大部分时间并非他自己能够完全控制。因此，作为管理来说，一旦选定哪件是重要的事，就要全力以赴，集中全部精力来抓紧完成，这件事不完成，其他的事就不要再考虑，这就是一抓到底，善作善成。很多一流的作曲家如巴赫、亨德尔、海顿、威尔第等人，他们在同一时间只专心于一曲，完成一曲后，才会写另一曲。试想一下，如果萧何收集地理图集等资料时，只收集一半便去忙其他的事，在以后的征战岁月中，如果正好遇到需要了解的信息，但却恰恰被遗漏在秦宫里，又该怎么办？更何况，项羽后来的一把大火，把秦宫烧了个精光，再想找这些宝贵的资料，也只是梦想了。

彼得·德鲁克说："卓有成效的管理者知道，追求时间高效利用的努力是永无止境的。"管理者事务繁杂，但要把事做好，就需要如德鲁克说的那样，高效利用时间，坚持在一段时间内集中精力做最重要的事，既要集中管理者本人的时间和精力，也要集中团队的时间和精力。如此，我们的事业才会行稳致远、马到而功成。

坚持亦有道

实现管理目标的路从来不是一帆风顺的,在今天这个变化多端、充满众多诱惑和无限可能的世界,能够坚持向既定的目标前行,已非常可贵了。但是,我们究竟该坚持什么、又该如何去坚持?绝不是个轻松话题。

现实生活中,我们不乏看到,有些人毅力超群,坚持每天打麻将,毫不动摇;有些人自命不凡,任何事都坚持自己是正确的,丝毫不理会别人的意见;还有些人,坚持实用为上,谁的权大就听谁的,谁的钱多就认谁,没有自己的一点主见。诸如这样的坚持,又有多大意义呢?作为一名管理者,我们究竟应该坚持什么,才会激发人生的正能量,让自己无怨无悔地前行呢?

《资治通鉴·汉纪三十二》里记载了这么一个故事:

光武帝刘秀与更始帝刘玄争夺天下时,刘玄手下有两员大将,一个叫鲍永,另外一个叫冯衍。刘秀打败刘玄后,曾派一个叫储大伯的人去招降鲍永和冯衍。鲍永和冯衍疑心有诈,把储大伯绑了起来,直到确认刘玄确实已死后,才放出储大伯。在遣散所有士兵后,负荆束首,向刘秀请降。刘秀见了他俩后问道:"你们的士兵到哪儿去了?"

听到这话,冯衍立即从座位上站起来,向刘秀磕了几个头说:"我效忠刘玄,但是没能保全他。靠他的士兵获得了富贵,我很惭愧,所以把他们都遣散了。"刘秀听了,赞扬冯衍的话格调很高,但是心里却不高兴。后来,鲍永因为战功得到了刘秀重用,而冯衍一直被舍弃不用。

有一天,鲍永对冯衍说,老兄,以前汉高祖奖赏有罪的季布,诛罚有功的丁固。现在,我们碰到了贤明的君主,你有什么可忧虑的呢?

听了这话,冯衍说,兄弟,你先听我给你讲一个故事。从前,有一个人挑逗邻居家的妻妾,年纪大的妻子就骂他,而年纪轻的妾答应了他。后来,她们的丈夫死了,这个人就娶了邻居家年纪大的妻子作为自己的妻子。别人感到不理解,就对他说:"你娶的不是那个骂你的人吗?"这个人说:"是啊,她是别人的妻子,我挑逗她时希望她答应我;她是我的妻子,我希望别人挑逗她时她唾骂别人。"讲完这个故事,冯衍说了一句话:"夫天命难知,人道易守。守道之人,何患死亡!"大家看,说得多么大义凛然。人的命运很难预料,然而做人的道理却很容易遵守,遵守做人道理的臣子,还害怕什么死亡呢?

季布和丁固,俩人都曾是项羽手下的悍将。楚汉相争时,季布对项羽忠心耿耿,对刘邦一点也不手软,多次打得刘邦满地找牙,刘邦恨不得活剥了季布。丁固则为自己留了一手,有一次曾把刘邦团团围住,刘邦急得没有办法只得求丁固说:"大丈夫何相煎甚急。"丁固听了,就放了刘邦一马。后来,项羽死了,刘邦取得了胜利,俩人都来投奔刘邦。刘邦见了季布后,立马予以重用。而把丁固拉到大营之中斩首示众,并说,这就是不忠于主子的人的下场。诚如冯衍所说,世间的万物都是不断变化的,心中没有坚持,投机取巧或者是趋炎附势,最终结果还真不可知。所以,邻居家坚守妇道、痛骂挑逗者的人反而被接受,而背离妇道、顺从挑逗者的人却被厌弃,这些都是因为坚持或是没有坚持应该坚持的道而导致的结果啊!

那么,到底什么样的道值得坚守呢?如果坚守了这个道导致遍体鳞伤,又该怎样应对呢?坚持的道需要经常挂在嘴边吗?我们的理解是:

第一,寻道以遵

并不是什么东西都值得坚持的,只有那些超越了现实世界,能够跨越时空、跨越阶级、跨越国家、跨越了你我的精神才值得去坚守。比如,真、善、美,忠、义、仁、信,为这些东西而坚持,这一辈子才会过得圆满而充实。

今天，我们身处变化的世界，管理的体制、机制经常在变，领导在变，工作的任务与要求也在不断地变。在努力适应这些变化的同时，我们如果忘记了自己应该坚持的东西，很难保证成功。

卓越的管理者都是懂得寻找正确方向并勇于坚持的人。股神巴菲特在总结自己成功的经验时，有一段肺腑之言，他说："以我自己的经历和对其他很多公司的观察，一个良好的管理绩效（以经济回报衡量）的产生，更多取决于你上了什么样的船，而不是你划船的效率（当然，在任何企业中，无论好坏，聪明和努力都很有帮助）。如果你发现了一艘长期漏水的船，那么，换一艘船所花费的精力可能比修补漏洞更有成效。"这就充分表明，只有符合道义的最有价值的坚持，才值得去坚持。

第二，持道认命

坚持实际也是一种选择，而选择也就意味着一种放弃。我们所坚持的东西，应该也必须是经过自己慎重选择的，这就是我们为什么说要寻道以遵的原因。既然是自己慎重选择的，在选择这条道路的时候也就同时选择了这条道路所导致的结果。所以，不管出现什么样的情况，你不要怨天尤人，因为这是你自己的选择。既然你自己选择了这条道路，那么你就得放弃其他的道路。这就好比爬山，你选择了从东边上山，就不要指望还能看到西边的风景。

有时候，我们一旦在生活中遇到挫折，就会后悔自己当初选错了。其实，早知今日，何必当初？与其埋怨当初的选择，还不如珍惜现在，想方设法把眼前该做的事做好。因为，这条路是你自己选择的，怨不了别人。更何况，很多路还没有退路。

记得儿子一次去参加拓展训练，上高空绳索台前，教练对孩子们说："大家可想好啦，上去了就没有回头路了，只能往前一直走完。要是没信心的可以不上去。"所有的小孩出发前都信心满满，听不进去教练的提醒，争先恐后地往上爬。

开头很顺利，但是随着难度越来越大，几个小孩害怕了，哭着闹着要回去。但是，这个拓展措施没有设计退回去的路径，也没有设计能够中途停止的措施，况且后面的小孩源源不断地向前拥过来。这些哭闹着想要回去的小孩想要摆脱困境，只剩下一条路，那就是硬着头皮继续往前走，或者爬到终点。有时候我想，身处俗世中的我们，可不就像那高台上的小孩子一样吗？选择了出发就不能回头，只有咬紧牙关才能渡过难关。

第三，道隐于形

我们所坚持的东西需要挂在嘴边吗？如不是，又该怎样去实践自己的坚持呢？还拿冯衍的故事说，我相信光武帝刘秀也是一个智慧之人，他之所以不悦冯衍，并不是他的行为，而是他的那种直接的表白，所以他才会说先生的格调未免太高了吧。其实，真正有所坚持的人，并不是时时要把自己的坚持挂在嘴上，相反的，他们会把这种坚持深植于心。在生活中，你同这种人接触，他会如同水一样随意随形，但丝毫不会背弃他内心的坚持。

孔子一生把"仁"作为自己的坚守，提出了"子绝四，勿意，勿必，勿固，勿我"的主张。意思是说，作为君子，一定要杜绝四种不好的习惯，凡事不要臆测，不要想当然地认为必须要达到什么结果，也不要固执己见，以我为尊。我们是要有所坚持，但我们所坚持的应该是理想、信念与精神，而不是外在的具体行为。有时候，某些外在行为不合理的坚持，反而会损害我们内心的坚持。所以，中国仁人志士人生哲学的核心叫"内方外圆"，要求自己做到的不一定要求别人做到，要求别人做到的自己首先要做到。坚持自己应该坚持的东西，绝不是要使自己处处与众不同，四面树敌，而是要"和光同尘"，这应该就是坚持的应有之道吧！

无为而治

在管理活动中，有的管理者为了实现目标或者兑现自己的承诺，承受着早已超出自己耐受的压力，什么事都不加分辨地去争着做、抢着做，弄得自己很疲惫；也有的人，整天无所事事，觉得如果什么事都没有，照样可以领工资舒舒服服地过日子，不也挺好的吗？并美其名曰"无为而治"。但这些，是我们真正想要的生活吗？

如果不是，我们又该怎样借鉴《资治通鉴》的智慧，去正确处理工作与生活呢？

第一，"无为而治"不是让人们不做事

《道德经》里有这么一句话：无为而无不为。意思是说，只要做到顺应自然不妄为，就能够做到无所不为。可见，"无为而治"绝不是让人们不做事，而是要顺应自然规律做事，做正确的事。

《资治通鉴》里有这么一个故事：

西汉惠帝二年，丞相萧何死了，曹参接替了他的位置，整天无所事事，有些大臣看不过去，纷纷向惠帝告状。惠帝听了也很生气，认为曹参是看轻他刚即位年轻不懂事，于是就派曹参的儿子曹窋去劝说，谁知曹参听了，不容分说就打了曹窋二百大板。

第二天上朝的时候，惠帝很生气地问曹参，说爱卿为什么要打曹窋？曹参没直接回答，问了一句："陛下视自己与高祖哪个更英明？"

惠帝回答说："朕哪敢跟先帝相比。"

曹参又接着问："请陛下评评我与萧相国哪个更贤明？"

惠帝笑了笑说："你好像不如萧相国。"

这时候，曹参正了正衣冠说道："陛下您说得很对。过去，在高祖和萧相国领导下，国家安定，法令英明。现在在您的领导下，我们这些做臣子的履职尽责，继续去遵守实践这些法令而不致有什么失误，不也是很好的吗？"

惠帝听了，哈哈一笑说："善，君休矣。"（好的，你不用再说了。）果不其然，过了几年，在曹参的无为而治下，社会安定，人民幸福，收到了"天下俱称其美"的效果。

上面这个故事，也就是人们所熟知的"萧规曹随"的故事。表面上看，曹参什么事都没有做。但事实上，他是顺应了当时历经多年征战，民生艰难，老百姓再也经不起折腾的实际，再加上有高祖和萧何所定下的一些比较清明的制度作基础，所以，曹参才能做到无为而治。可见，无为而治并不是什么事都不做，而是一定要做符合规律的事情，该做的事。

那么，怎样来确定哪些事是符合规律、该做的事呢？

第一，要做既是自己职责能力范围内又紧扣中心工作的事。每个组织都有中心工作，这个中心不是以自己为中心，而是以大局，以上级确立的中心为中心。只有围绕中心开展工作，才是领导认可的。只属于自己职责能力范围内，而不是紧扣大局中心的事，主动做了很多，虽然辛苦，但是因为没有紧扣上级中心，甚至影响中心，只会导致事倍功半，甚至徒劳无功。反过来，紧扣上级中心但不属于自己的职责能力范围内的事，因为超越了自己的职责能力范围，做得很辛苦，效果也不一定好。当然，如果超越了自己的职责能力范围，又不紧扣中心来做事，结果就更惨了。

比如，电视剧《亮剑》里面有这么一个情节。李云龙同坂田信哲联队展开了正面战。坂田询问副官浦友："与我们交战的是八路军哪个部队。"浦友支吾了半天才说："这个，到目前我们还不清楚。我们还没有抓到一个俘虏。"坂田气得骂了一句："混账，仗打到现在还不知道对手是谁？"

反观李云龙这边，仗刚开打时，李云龙找来一营营长张大彪，说："去，抓个活的来问问对手是谁。"话音刚落，只见张大彪清晰地回答："报告团长，对方是日军第四旅的坂田联队，我们早已抓了一个俘虏问清楚了情况。"李云龙听了,哈哈大笑地说道:"你小子真的长进了!"

对浦田和张大彪而言,作为一个副职,搞清楚对方情况无疑是当前中心工作,也是自己职责能力范围内可以做的事。但是,浦友却没有围绕这个中心开展工作,而张大彪却主动提前开展了工作,领导的评价自然也就不同了。

第二,要做到"无为而治",就不能无事找事

《道德经》有这么一段话:"为学日益,为道日损。损之又损,以至于无为……取天下常以无事,及其有事,不足以取天下。"意思是说:做学问,我们的知识要一天天增加的。但是,修炼天道,我们的私欲是要一天天减少的,一直减少到无为的状态。治理天下应该经常保持平安无事,如果总是事情不断,不得不采取一系列应对措施,就不能算是有效地治理天下。

从老子的这段话我们可以看出,真正有效的管理,取得一番成就,并不是要整天忙个不停,把自己时时刻刻绷得紧紧的。有这么一个小故事:

有一名大力士,到市场上买弓,发现有一张弓张得满满的,显得非常有力量。于是这名大力士对老板说:"老板,我要买那张张开的弓。"

老板一听,说:"这张弓不卖。"

大力士一听急了,说:"怎么,你担心我拉不开它吗?"

老板顿了顿说:"不是的,我不是那个意思。小伙子,我相信你力大无比,但是真正能用的弓都是松弛的,松弛是一种有涵养的状态,它能使弓保持韧劲。你所看中的这张弓,因为是样品,时刻都这么绷着,它承载的力已到极限了,任何外来的一点力都会使它断裂,我不能把一张随时都可能断裂的弓卖给你。"

其实,每天忙碌不停的人就像那张长期张满的弓,在身心疲惫的情况下,再也无力承载更多的压力。更要命的是,它会使我们的心丧失必要的敏感,无法清醒地去感知即将来临的挑战与机遇,也没有无多余的能量储备去应对。所以,老子才会说:"持而盈之,不如其已;揣而锐之,不可长保。"把持而使它时刻丰盈，还不如马上停下来；捶击它而使之锋利，不可能保持长久。

同样的道理，管理者们如果能做到不无事找事，让自己多一点学习的时间，让自己的心灵多一点思考的空间，不也是一种人生的充实吗？事多忙个不停，并不能与充实画等号。只有外在与内在都充实了，一个人才算得上是真正活得充实。

第三，要做到"无为而治"，就不能瞎做事

就算知道哪些是符合规律、该做的事，但如果不懂方法，瞎做事，也会事与愿违。

怎样才算是正确地做事呢？《道德经》说："人法地，地法天，天法道，道法自然。"这实际上道出了我们做人做事的方法与原则。我们做事时，要效法地的厚重敦实，如天一样恢宏包容，如道一样始终如一，最后一切顺其自然。反思我们做人做事的方法与原则，是不是都如此呢？

厚重敦实 实际上就是要脚踏实地，能做多少做多少，不夸张，不隐匿。唐末五代时，中华大乱，有一个人，却在官场上经历了五朝十一位国君，都深得信任屡被委以重任，这个人就是冯道。他是何以做到的？借用南怀瑾先生评价他的一句话就是："所愿者下不欺于地，中不欺于人，上不欺于天，以三不欺为素。"

"三不欺"说起来很容易，但要真正做到却并不容易。在工作和生活中，任何既定了的事都有可能遇到一些新的情况导致原计划难以执行，实事求是讲出原因，总比用一个错误去掩饰另外一个错误好得多。有问题并不可怕，可怕的是不承认甚至想方设法去掩饰问题，那就尤为可怕了。长此以往，必将带来人格的破产。所以，老子才会说：绝圣弃智，民利百倍。在处事和交往中，少一点智巧，用真诚来回应身边的每一个人，你也将收获真诚。当然，真诚并不意味着必须告诉他人你知道的所有事情，但必须保证，你说的每一句话都是真实的。

恢宏包容 这是一种做人做事的气度，也是一种格局与胸怀。一个有个恢宏包容气度的人，应该是一个善于为他人着想，又敢于担当的人。

在共同开创事业的过程中，不乏会碰到需要承担的责任问题，这个时候，是选择一股脑地把责任推给别人，还是勇于承担，着眼于去解决问题而不是推卸责任，既是一个人人品的试金石，也是事业顺利进展的法宝。相信谁也不愿意与一个容不得一点过错、见了利就抓、出了事就推的人一起共事。只有善于包容、敢于担当的人才会赢得事业发展的朗朗晴空。所以有一句话：宽恕改变不了过去，但是可以改变未来。

始终如一 就是选准了的路，就要一以贯之，不能左顾右盼。老子讲，治大国若烹小鲜。再好的美味，再好的决策，折腾几下，也会变味不成样子。然而在现实生活中，因为内心不够坚定，外在情况出现变化时，人们习惯将已经定下的事变来变去，在不断的迎合中跑来颠去，以至于忘了自己为什么而出发。

顺其自然 就是凡事只要做到尽心了，就要拿得起，放得下，不要太在意结果。有时候，过程比结果更重要，付出比收获更精彩。所以老子讲："希言自然。故飘风不终朝，骤雨不终日。"凡事不强求才是符合自然的，所以狂风很难吹一整个上午，大雨也不会整天下个不停。好事情也好、坏事情也罢，总不会一直持续下去，因此，要用一颗坦荡的心来对待人生的起起落落。

有这么一个小故事：

丹霞禅师和一个小和尚下山去化缘。走到一条小河边的时候，正好碰上一名美丽的女子，踌躇着不知道怎样才能过河。丹霞禅师说道："我背你过去吧。"说完，禅师背上这名美丽的女子过了河，然后与小和尚继续赶路。一路上，小和尚因为对师父的行为不理解，一直闷闷不乐。到了晚上，实在憋不住了，对丹霞说："师父，你不是说出家人不近女色吗？你今天怎么背了那个女子啊？"丹霞禅师说："你说她呀！我早就把她放下了，怎么你还背着她啊！"

如果把这名美丽女子看作是做人做事必须达到的结果或者人生成就的话，那么，我们是如丹霞禅师那样，得之不喜，失之不忧，一切顺其自然。还是如小和尚那样，对得失始终耿耿于怀？这个选择恐怕就是决定我们快乐还是不快乐的分水岭。

第五课
如何选人用人——敢于不偏不倚

实现组织目标,关键在选好人用对人。彼得·德鲁克认为:"人事决策是组织里根本的,或者说唯一重要的管理。人决定了组织的绩效能力。没有一个组织比它的员工做得更好……但是管理者必须明白:不能仅仅依靠个人的见识和学问作评判,而要老老实实地采用一个例行的、枯燥的但却严谨的程序。"选人用人有特定的程序和窍门,管理者需要在坚持原则、掌握规律的同时,做到不偏不倚,尽量不把对部属的喜恶之情带入管理之中,只有这样,才能把那些符合组织价值观、具备执行组织使命能力的人选出来,进而把每一位组织成员的作用发挥好。

让志同道合的人有舞台

《资治通鉴·周纪一》有这么一段话:"臣闻天子之职莫大于礼,礼莫大于分,分莫大于名……非名不著,非器不形。名以命之,器以别之,然后上下粲然有伦,此礼之大经也"。意思是说:"我知道天子最重要的职责就是维护礼,维护礼时最重要的是明确君臣之间的职责差别,明确君臣之间的职责差别最重要的是明确臣子的职位……如果臣子的职位不明确,则没有办法来做事情。如果没有权力,职位的作用也无从体现。只有明确了职位与相应的权力,才能使上下井然有序,这才是礼教的根本。"

这是《资治通鉴》开篇的第一段话,讲的是作为管理者和部下,各自应该做什么样的事,以及为什么要这样做的原因。司马光之所以要讲这个事,就是源于公元前403年,周威烈王任命魏斯、赵籍、韩虔为诸侯的事。这个故事,也就是大家所熟悉的三国分晋的故事。司马光认同孔子的观点,认为魏斯、赵籍、韩虔三人本为晋国的臣子,僭越名分窃取并瓜分了晋国,这本是不符合礼制的,可是作为国君的周威烈王,不仅不制止(当然,制止也没用),而且还给了他们职位与权力,这是万万不当的。正因为滥用了名器,所以无法维持正常的秩序,也就是礼制,才导致了所谓周王朝的"礼崩乐坏,王室衰微"。

现实生活中,我们可能会听到有的管理者抱怨,这么大一个企业,为什么就我一个人操心,你们这些当部下的都是干什么吃的?与此同时,他的部下也在抱怨,自己每天忙忙碌碌,还总是挨批,不知道为啥忙?也不知道这样忙下去能得到些什么?

为什么会有这些抱怨呢?借用司马光的话,就是不管是管理者,还是部属,对礼、分、名器没有搞清楚。

一、"礼"之内涵

"礼"就是秩序，包括外部的秩序和内部的秩序。什么叫外部的秩序？一个企业、一个团队要搞好，首先要跟外面的大气候、大形势一致，要合拍。拍子合了，秩序就顺了，这就叫作顺应大局。与此同时，企业或团队也是由若干个具体的人组成的，大家的职责不尽相同，想法也不一致，怎样协调好大家的利益，让大家心情舒畅地工作，从而营造一个好的内部秩序，也是至关重要。否则，即使外部环境再好，内部离心离德，也难以干成什么大事。所以，作为管理者，最重要的就是维持好这个秩序。

高明的领导和一般的管理者，对这个"礼"把握水平的不同，直接导致了团队事业的成败和成员辛苦程度的不同。《资治通鉴·周纪》里有这么一句话："夫事未有不生于微而成于著。圣人之虑远，故能谨其微而治之；众人之识近，故必待其著而后救之。治其微，则力寡而功多；救其著，则竭力而不能及也。"意思是说：没有哪一件事情不是从小到大发展起来的，圣贤考虑良久，所以能够谨慎对待微小的变故，并及时处理。而一般的人则要等到事情造成后果以后才处理。处理小的错误，用力少而成效大。而矫正大的错误，虽然竭尽全力，也不能保证把事情处理好。对一名聪明的管理者而言，在事关大是大非的"礼"的问题上，一定要见微知著，快速处置，只有这样，才能保证整个团队发展的内外部环境不至于出现大的动荡。

二、"分"之思考

"分"也即分别。就是在维护"礼"这个大前提下，作为管理者，要分清楚哪些是自己分内之事，该做的一定要做到位，不能失位；哪些是自己分外之事，不属于自己职责范围的事，绝不能越俎代庖。

那么，什么是分内之事呢？记得联想集团的柳传志有一句话说得好，他说，作为一个团队的负责人或者管理者，最重要的任务就是建班子、定战略、带队伍。对分内之事把握水平的不同，可以作为区分领导力水平高下的一个重要标志。

美国管理学家吉姆·柯林斯根据领导者对自己分内之事把握

水平的不同，把领导者分为五级：

第一级是能力强的个人，通过才华、知识、技能和良好的工作习惯为团队做出积极的贡献。

第二级是做出贡献的团队成员，在通过个人能力为团队做出贡献的同时，还能在团队环境中与他人一起有效共事。

第三级是有能力的经理人，把人力和资源组织起来，既有效力，又有效率地实现既定目标。

第四级是有效力的领导者，激发人们投入地追求一个清晰大胆的愿景，并激发更高的业绩标准。

第五级领导者是在第四级领导者之上，再加上谦卑与执着这两大要素。

柯林斯认为，能够把一个团队从平庸带向卓越的只能是第五级领导者。相对于第四级领导者，第五级领导者考虑问题时是先人后事，面对困难时更加执着，善于用问题而不是用答案来领导，出现失误时注重总结而不是责备他人，深信"自由与责任存在于制度之中"，高度重视团队的纪律文化建设，依赖文化而不是一个暴君进行领导。同时，更加注重对先进技术的管理与应用而不是重视技术本身。

柯林斯的这些思想，实际上在告诉我们：作为一个管理者，要想成就一个卓越的团队，关键是先打造一个卓越的自己。你把自己分内的事做到什么程度，你的企业就会发展到什么程度。

以上说的是管理者的分内之事。那么，什么是管理者的分外之事呢？分外之事就是已有明确规定的属于部属应该干的事。对这些事，管理者应该做到只问结果，不问过程，甚至连结果也不用问，只需要表明，如果做不好或者出现了什么问题，我拿你是问。

诸葛亮在《前出师表》中，因担心后主刘禅分不清职责，专门写了一句话，叫"至于斟酌损益，进尽忠言，则攸之、祎、允之任也"。意思是说：至于处理事情时斟酌是否合适、有所兴革，毫无保留地进献忠言，那是郭攸之、费祎、董允这些臣子的责任了，你当皇帝的完全可以不管这些事。管理者只有知道了哪些事该自己管、哪些事不该自己管，才能各安其位，在做到有所不为的同时更好地有所为。

三、"名器"之道

"礼"确定了秩序这个管理者工作的中心，"分"确定了管理者和员工在维护秩序中各自的职责区分，而要把职责落实，必须还要有一个载体，这个载体，就是"名器"，也就是职位和权力。那么，领导应该把代表职位和权力的"名器"送给什么样的人？我们如何才能获得这样的名器呢？

第五级领导者在描述用人原则时，有一个形象的比喻：卓越的管理者不是首先决定把车开向何方，然后再找人上车，而是先让正确的人上车，让错误的人下车，然后再想把车开向何方。哪些是正确的人，就是那些认同"礼"、与大局保持一致、认同团队共同价值观的人。哪些是错误的人，就是那些不认同"礼"、与大局不保持一致、不认同团队价值观的人。这样的人，即使再有才干，也不能让他上车，不能给他位置。第五级领导者为什么会这么做？因为他们相信，一个不认同共同价值观、不时时处处维护大局的人，让他上车，也就是给他职位与权力后，会给团队带来更大的危险。

韦尔奇出任通用公司CEO后，面对庞大的官僚机构，一方面宣布大量裁员，另一方面又宣布斥资4500万美元，在克罗顿村建设培训中心。有人问他为什么这样做时，韦尔奇答道："这是为了明天，我们既要做生存的事，也要为未来投资。"把那些志同道合的人选拔到团队中来，让他们有发挥作用的舞台，这就是对团队未来最好的投资。

知道了管理者应该把名器送给什么样的人。那么，作为部属，又该如何获得这样的名器呢？

一是准确把握团队的"礼"，做到对大局、对团队的愿景和核心价值观心领神会，使自己时刻走在正确的道路上

每个人善于表现的，往往是自己的长处。但是，一个人的长处和他所认可的价值观之间，不一定完全一致。最善于表现的和最擅长的，如果并不是自己觉得最有意义的事，就很难长时间地投入全部精力，一句话，如果并不认可组织的价值观，部属们最好的选择，那就是离开。

实际上，离开并不是承认自己的失败，而是寻找与自己长处相适宜的"礼"，毕竟，不同的组织，有着不同的"礼"。20世纪30年代中期，彼得·德鲁克曾在伦敦一家银行从事投资业务，这是他最擅长的事，干起来得心应手。但德鲁克深知，这并不是自己最想要的，相比于做人的工作而言，投资及资产管理的行当无甚大意义。因此，德鲁克毅然决然地选择了离开。回想这段经历，德鲁克始终认为这是个明智的选择。价值观作为团队"礼"的核心，既是组织的独特标识，也应该是部属们选择留下奋斗还是马上离开的最终标准。

二是专注于自己的职责

哲学家柏林曾引用古希腊的一句残诗"狐狸多智巧，刺猬只一招"来说明这个道理。狐狸同时追求多个目标，能看清世界的复杂性，但从未将思想概括为一个统一的理念。而刺猬则把复杂的世界简化为一个基本理念，并以此理念来指导自己的行为。

刺猬这么做，并非不聪明，而是具有敏锐的洞察力，能够看透事物的本质。管理学家就此延伸，提出了"刺猬理念"，即凡是卓越的公司，并不像有些公司四处出击，而是抱定一个目标，锲而不舍地做下去。作为一名团队成员，要想成功，同样需要怀抱同样的理念，专注于自己的职责，把它做到极致，想不成功都难。

三是宽容地对待你的团队

团队目标的实现，依赖一个和谐的团队，也就是我们所说的良好的内部秩序。

名器作用发挥得如何？团队成员的认可至关重要。试想，一个对管理者怨声载道的团队，虽然拥有职位和权力，但部属对你的所思所为不理解、不赞同、不使劲，这个职位和权力能发挥多大的作用还真不可知。怎样获得认可？胡适先生有一句话说得非常好，叫"容忍比自由更重要"。如果团队成员都想要自己的自由，对别人可能有损于自己利益的事一点不容忍，斗来斗去，最后可能大家都没了自由。所以，凡事退一步海阔天空，要学会戒急用忍。

"礼""分""名器"三者是统一的，管理者和团队成员如果都深谙其道，打造一个卓越的团队也就指日可待了。

选人用人有窍门

明代作家冯梦龙在《新列国志》里曾说过一句话:"历览往迹,总之得贤者胜,失贤者败;自强者兴,自怠者亡。胜败兴亡之分,不得不归咎于人事也。"意思是说,回顾历史上的成败得失,总体上看,就是得到贤明之人辅佐的能够成功。相反,用小人辅佐的就会失败。自强不息的人才会兴旺,而懈怠堕落之人则会灭亡。造成胜败或者兴亡的原因,归结起来就在于是否善于识人用人。

《资治通鉴》记载了这么一个故事:

魏文侯想提拔一位相国,有两个人选都不错(魏成子与翟璜),但不知道该选哪一个。为此,他专门找来谋士李克,说:"有句谚语说'家贫思良妻,国乱思良将',现在我们魏国正处于国乱之中,我迫切需要一位有本事,又贤良的相国来辅助我。魏成子和翟璜这两个人都不错,我一时也拿不定主意,你说说他们俩到底谁更强一些?"

李克并不直接回答魏文侯的话,说道:"大王,您下不了决心,是因为您平时对他们考察不够。"

魏文侯急忙问:"怎么考察?有何标准吗?"

李克说:"当然有,我认为考察一个人的标准应该是:通,观其所礼。一个人发达了,要看他是否还谦虚谨慎、彬彬有礼、遵守规则。贵,观其所进。一个人地位高了,要看他推荐什么人。他提拔什么样的人,他就是什么样的人。富,观其所养。一个人有钱了,要看他怎么花钱,给谁花,花在什么地方。人穷的时候节俭不乱花钱,那是资源和形势造就的,人富了以后还能保持节俭,才是品行的体现。居,观其所亲。看一个人平常都与谁在一起:如与贤人亲,则可重用;若与小人为伍,就可要当心了。听，观其所行。听完一个人的话，要看他是不是那样去做的。不怕说不到，就怕他说了做不到。止，观其所好。通过一个人的爱好，能看出这个人的本质。习，观其所言。第一次跟一个人见面的时候，他说的话不算什么。等相处得久了，再听听他跟你说什么，是不是跟当初一致，跟当初的差别越大，人品越不好。穷，观其所不受。人穷没关系，穷而不占小便宜，这样的人本质好。贱，观其所不为。人地位低没关系，不卑不亢，保持自己的尊严，这样的人本质就好。"

魏文侯听了后说："好了，我明白该怎么做了。"

李克拜别大王出来后正好碰到了翟璜，翟璜问道："听说魏文侯找您商量谁做相国的事情，决定了没？"

李克说："决定了，魏成子为相国。"

翟璜气不过，生气地说："我哪里比不上魏成子？大王缺西河太守，我把西门豹推荐给他；大王要攻打中山这个地方，我就推举了乐羊；大王的儿子没有师傅，我就推荐屈侯鲋，结果是：西河大治，中山攻克，王世子品德日增，我为什么不能做相国呢？"

李克说："你怎么能比得上魏成子呢？魏成子的俸禄，百分之九十都用来罗致人才，所以卜夏子、用于方、段千本三人都从国外应募而来。他把这三个人推荐给大王，大王以师相待。而你所推荐的人，不过是魏文侯的臣仆，怎么能和魏成子相比呢？"

翟璜想了半天，愧然失色，说："璜，鄙人也，失对，愿卒为弟子。"意思是说，我翟璜是个粗人，您是对的，我的确比不上魏成子。果不其然，魏文侯让魏成子做了相国。

这个故事告诉我们什么呢？身处高位的管理者，有时候难免孤独，下面千条道路，一切都需要你来做主往哪里走。真正优秀称职的管理者的成败得失，无非两条，一条就是择向。你要把团队带到哪里去？去干什么？会不会误入歧途？另一条就是我们这个故事所要揭示的道理，用人有讲究。你按什么标准用人？用了什么样的人？这些人是真心想跟你做事，还是另有所图？是真有才干，还是尸位素餐？具备的德才是否与担当的职位相匹配？这些问题如果没有想明白，很难说你是一名称职的管理者。

春秋战国时期，身为魏国最高管理者的魏文侯应该算是一位贤明之君。他礼贤下士、诚信担当，对魏国称霸诸侯起到了至关重要的作用。但即使这样一位贤明之君，在国相选用的问题上也会举棋不定。多亏了李克的提醒，才得以下定决心。一方面说明身为管理者的魏文侯确实肚量很大，能够接纳属下对自己的批评且善于倾听意见；另一方面也表明了李克平时工作的用心和对魏文侯的忠心。有这样一个主明臣直的好氛围，魏国想不强大恐怕也难。

都说识人难用人难，其实难的关键就在于用什么样的标准和方法去识人和用人。当初，李克向魏文侯所提的观察人的通、贵、富、居、听、止、习、穷、贱等九条标准，实际上也是方法，应该说把如何识人用人的窍门讲明白了。九条标准及方法，可以归结为：

一是要坚持德才并重，以德为先

身为相国，总理全国事务，是君王与整个官僚体系之间的喉舌与纽带，权势显赫。一人之下，万人之上，如果没有过硬的德行，魏文侯肯定是不放心的，老百姓们也会深受其害。才德不一的时候，以德为先。这都好办，问题是，当都有才有德的时候，该怎么办？

李克虽然没有明确向魏文侯提出，该以谁为相国。但他的一番话却清晰地表明了态度：那就以德行更好的人为先。魏成子与翟璜，应该都算是有德行的人。魏成子能够把百分之九十的俸禄拿出来招纳人才，其内涵是什么？是相对于翟璜而言，魏成子有更高的境界，是公而忘私。虽然史书中没有记载翟璜是否有同样的举措。但可想而知，作为魏文侯的谋士，李克一定是对包括翟璜在内的诸多臣子的情况有所调查的，如果翟璜也有同样的举措的话，相信他也不会拿这个事来说翟璜，否则的话翟璜就可能反驳了，这恐怕就是魏文侯为什么最终选择魏成子为相的第一个重要原因。

二是要坚持公正用人，不拘一格

所谓公正，最重要的公正就是机会的公正。不管是谁，只要符合用人条件，都能够得到相应职位，这就是机会公正。

魏国只能有一个相国，一个部门也只能有一个部门主任。一定是让最合适的人去担当，至于最合适的人是谁、来自哪里、有什么资历、学历是什么等，都不重要。只要合适，这个位置就是你的，这就是机会公平。

这一点，可以说魏文侯和李克都做得很好。先说李克吧，面对魏文侯的询问，不仅敢直接指出君王的不足，还直言不讳地讲明了人才选拔的标准。在碰到翟璜的质问时，他不仅没有退缩，反而有理有据地指出了翟璜相对于魏成子的不足，表明了为什么相国会是魏成子而不是你翟璜的理由。反观我们有些管理者，在面对上级求贤的征询时，首先不是去想公平取得这个职位的标准是什么，而是顺着上级的意思见风使舵。面对属下的质问时，不是坦言相告，而是怀着怕得罪人的思想，顾左右而言它，以致整个团队因为不清楚用人的标准到底是什么，从而对整个用人机制的公平产生怀疑，导致团队离心离德，这是非常不可取的。

魏文侯在坚持公正用人上也可说做得非常好。身为一国之君，他完全可以凭个人喜好，想用谁就用谁，根本用不着征求李克意见。但他却不是这样，向李克征求意见时，他并没有表明对翟璜和魏成子，自己的个人态度是什么？这就很关键了，试想一下，如果他直接向李克表明了态度，那他这个征求意见就是作秀，而李克也是很难回答的。他只是问哪个更适合当相国，其潜台词就是，这两个人谁最合适，我就让谁当相国，不用管我个人从情感上更喜欢谁等其他因素。

现在有些管理者，不是以事业的标准选人，而是以个人的喜好选人。事业标准是可以公开的，所以好做到公正。而个人的喜好，有太多不确定因素，所以很难公开，当然也很难做到公正了。从这一点上说，魏文侯确实值得管理者好好学习。

三是要才位相配，以事选人

人才难得，更难得的是，得到人才以后，把他们放到什么样的位置，才能更好地发挥人才的价值？翟璜与魏成子，可以说都是魏国的人才。是人才当然要用，但问题是，对于相国这样重要的职位，最需要的是什么样的才能。

三国分晋后，魏国作为新兴诸侯国，西有强秦虎视眈眈，北有赵国不怀好意，东方的齐国、南面的韩国也让人忧心忡忡，如何生存下去是个巨大挑战。魏文侯即位之初，面对困局，急需智勇贤能之士帮助治理国家。这时候，翟璜建议用西门豹治邺、用乐羊攻打中山国、用屈侯鲋教导太子，一时解决了魏文侯的内忧外患，翟璜功不可没。但随着魏国国力的强大，国家面临的主要矛盾已不再是求生存了，而是怎样怀远天下，王霸诸侯。

魏文侯深知，光凭魏国的军事实力，想要称霸天下，不仅不可行，也不能让诸侯国心服口服，而付诸德化，即礼贤下士、选德用贤，才能达到这一目标。所以，魏成子推荐的卜夏子、用于方、段干木，既是大师，更是来自外国的大师，尊重他们并通过他们感召天下，这就是当时魏国的国家战略。从这一点说，魏成子是深谙国家形势，是深懂魏文侯战略意图的人，这样的人如果不当相国的话，还有谁更合适呢？

管理者们在选人用人时，一个很难克服的心结就是，这是个人才，不给他安排个位置就太可惜了！至于这个时候这个位置到底需要什么样才能的人，想得就很少。这是以人选事，而不是以事选人。战国两百年历史中，魏国是最先强盛而称霸的国家。在这个过程中，魏文侯始终根据任务需要，选用了西门豹、子夏、翟璜、魏成子等人，从而得以逐步实现富国强兵、开疆拓土、雄霸天下的目标。这就提醒我们，只有做到人事两宜，事得其人，人尽其才，才能不断赢得事业的大发展。

由孝道看人品

在中国式的管理中,"孝"始终是管理者们非常注重的,它既是衡量一个人人品的标准,也是选人用人的标准,正所谓"百善孝为先"。

《吕氏春秋》云:"务本莫过于孝。人主孝,则名章荣,下服听,天下誉。人臣孝,则事君忠,处官廉洁,临难死。士民孝,则耕耘疾,守战国,不败北。"意思是说,治国之本源于"孝"。一个国家的强盛,在于有明君、勤勉忠诚的官吏、埋首耕耘的百姓和英勇善战的军队,这四个方面都可以视为从"孝"行中引申出来的。所以,中国历史上有一些流行甚广的观念,如"求忠臣必于孝子之门""孝慈则忠"等等,把政治伦理的"忠"与家庭伦理的"孝"完全沟通,把"孝亲"与"忠君"完全等同,甚至制度化为选拔干部的标准(如汉代的"举孝廉"制度)。孔子也说过:"君子务本,本立而道生。孝悌也者,其为仁之本与!"意思是说:君子专心致志于事物的根本,根本确立了,道义也就产生了。孝顺父母,友爱兄弟,这就是仁德的根本啊!由此可见,对部属们能不能做到孝、是怎样的孝等问题进行深入考察,由此了解他们的人品,进而判断这个人值不值得信任、能不能忠诚完成组织的使命,从而实现管理的目标是至关重要的。

今天,伴随着经济社会加速转型发展,竞争日益激烈。绝大多数人不得不为个人的生存发展疲于奔波,有多少心思还能用于尚健在却日益老去的父母身上?即便幸运地能够与父母朝夕相处,对他们的冷暖喜忧,我们又知之多少呢?在茫茫世界中,我们该何以守住孝这个仁德的根本?通过《资治通鉴》里的孝,我们可以得到哪些启示呢？

第一，孝是一种需要及时表达出来的情感

汉文帝时，齐国的太仓令淳于意犯了罪，当处以肉刑，被逮捕拘押在长安诏狱。他的小女儿缇萦向汉文帝上书说："我父亲做官，齐国人都称赞他廉洁公平。现在他犯了罪，按法律应该判处肉刑。我感到悲痛的是，死人不能复生，受刑者残肢不能再接，即使以后想改过自新，也没有办法了。我愿意没入官府做官婢，以抵赎我父亲该受的惩罚，使他得以改过自新。"

听完缇萦的话，汉文帝非常感动，说："《诗经》上说：'开明宽厚的君主，是爱护百姓的父母。'以后要废除肉刑，以别的惩罚来代替。罪犯只要不潜逃，根据各自罪名服刑相应时间就可以释放。"

这个故事可以说是一个及时表达孝心并以适当方式表达孝心的典型。对于触犯了法律、即将面临肉刑处罚的父亲，缇萦第一时间向汉文帝上书请求，先是表达对国家法制的尊重，同时也恳请汉文帝念及自己的一片孝心，同意其以当官婢的方式替父亲受罚。以致汉文帝为她所感动，做出了废除肉刑的决定，既满足了缇萦的愿望，救了父亲一命，又在一定程度上促进了国家的法治建设。

孝是一种需要及时表达出来的情感。试想一下，如果缇萦没有及时表达出来对父亲的孝心，汉文帝是不太可能认识到肉刑的危害并做出废除肉刑的决定的。然而在现实生活中，有些人口口声声说自己很孝顺，但对于父母的状况却不理不问，做不到及时表达。虽然有各种原因，但是不是也可以看作是责任感不强、爱心不够的一个表象呢？

最近，看到两则新闻，很是心酸。一则新闻说的是：一位家住农村的父母，给远在上海工作的儿子拍了封电报："母病危速归"，儿子收到电报后，马不停蹄地赶回家一看，父母都好好的，哪来什么病危？这时候，母亲诚惶诚恐地说："儿子，我没病，就是你好几年没回家，我们想你了。"儿子顿时泪如雨下，后来干脆辞职回家，到小县城里找了一份工作以更好地陪伴父母。

第二则新闻说的是：在北上广深等特大一线城市，与"北漂"等数量庞大群体相对应的，还有一个"老漂"。是指那些因子女在大城市工作，为跟子女团聚而背井离乡到城里来定居的父母。这些父母，因身处相对陌生的环境，气候、语言、生活方式、交往人群发生了较大变化，他们的身心健康也成为社会需要关注的一个问题。

说一个人讲孝道，首先他得牵挂着父母，不能总是让父母牵挂着他。所以，孔子说："父母在，不远游，游必有方。"父母健在之时，不要远游，为什么呢？因为父母年事渐高，需要照顾啊。"父母之年，不可不知。一则以喜，一则以忧。"我们必须要知道父母的年龄啊，随着岁月增长，父母的年龄越来越大了，我们一边为他们的长寿而高兴，一边为他们的年龄越来越大而担忧。胃口还好不好啊？心情还愉快不？等等。当然，因为生活所迫、因为事业发展，年轻人也不是不能离开父母，到别的地方去打拼，但一定要游必有方。也就是让父母知道你在哪里，以减少他们的牵挂。相比是否与父母住在一起更重要的，就是要让父母知道儿女时时在牵挂他们。有时候，孝与爱一样，也是需要表达出来的。你不表达出来的话，谁知道你的牵挂呢？

西方也有这么一个令人深思的小故事：

有一天，桑托到邮局给朋友拍电报。在他身边坐着一位老太太，她把头深深地埋在电报纸上，写了几个字，又眯着眼睛看了半天，看过之后，把纸揉成一团，然后又要了一张纸再写。桑托想帮帮这位老太太。老太太先是不肯，在桑托反复要求下，最后叹了口气说："我就住在这附近街上，但我却把眼镜忘在家里了，要回去取的话得爬五楼，不戴眼镜的话又看不见……你要是不着急走的话，请帮我写一下。"

桑托拿过电报纸，老太太一字一句地说出华盛顿的地址。然后，沉默了片刻说："请写上：亲爱的妈妈，祝您生日快乐。到我们这儿来吧。吻您。薇娜嘉·谢尔盖。"

桑托看了一下老太太，吃惊地问："您母亲还健在吗？"

老太太苦笑了一声说："妈妈——就是我啊！"

"啊?"

"明天是我的生日,女儿可能忘了给我拍贺电,因此,我决定用她的名义给自己拍电报,免得邻居们责怪她。她是我的好女儿,人们都很尊重她,她在贝尔实验室当工程师。"

桑托可以想象出来,老太太的女儿一定很忙碌,实验室里一定有很多需要他操心的事。于是他安慰老太太道:"您女儿不会忘记向您祝贺的,不过可能有什么事耽误了。"

老太太抬起一双忧伤的眼睛看着桑托,低声说:"可是,她已经忘了12年了。"

这是多么悲伤的时刻!也许老太太的女儿也牵挂老太太,但是没有及时表达出来,母亲又怎么可能知道呢?所以,孔子所说"树欲静而风不止,子欲养而亲不在"的真正遗憾,恐怕不只在于欲养的时候亲不在了,也在于父母健在之时,我们是不是充分表达了对他们的爱与牵挂,如是,则无憾矣!

第二,孝是一种发自内心的尊重

记得小时候在农村生活时有一个邻居,儿媳妇很厉害,经常性地对她婆婆吆来喝去。有人看不过去了,就劝她对老人好一点,谁知她没好气地说:"我每天都管吃管喝的,难道还不够孝顺吗?"当时,她婆婆就在旁边,一副哀怨的眼神却又大气不敢出。这幅难忘的画面,一直定在我脑海里好久。

如果光做到有吃有喝还不算孝,那么,孝心还应该包括什么呢?

现在,忙于发展的年轻人普遍感到很累。有时候回到家里,父母总会很关切地问这问那。而我们呢?往往因为劳累或者别的方面原因,对父母的问话敷衍应付或者干脆装作没听见,或者对父母的态度很不耐烦,甚至大声呵斥。虽然很多父母为了爱孩子而忍让,不与孩子计较,但他们的自尊心还是受到了很大伤害。看来,孝父母还应包括尊敬父母。

随着时代发展,在父母和子女之间,因为彼此经历不同,在子女教育、家庭生活等方面都可能存在不同的看法。碰到这样的情况,又该如何处理?孔子说了一句话:"事父母几谏,见志不从,又敬不违,劳而无怨。"确切地给出了解决这一问题的原则。这句话的意思是什么呢？做父母的有错误时，我们要温和地提醒他们。如果他们不听劝，那么我们就不要继续唠叨了。但是不能因为父母有错，我们就对他们不尽孝道。不仅要孝敬他们，还要尊敬他们，侍奉他们不能有怨言。

前面讲到的汉文帝，自己就是一个大孝子。薄太后晚年身体不好，汉文帝衣不解带地照顾她。薄太后出生在民间，年轻时受过不少苦难，汉文帝对母亲是发自内心的尊重。在对薄太后的弟弟也就是汉文帝的舅舅——薄昭的系列违法事情处理上，汉文帝可以说把对母亲的尊重表达得淋漓尽致。

这个薄昭，仗着自己的外甥是皇帝，在朝堂外胡作非为，汉文帝都没有追究。后来汉文帝推行新政，薄昭等皇亲国戚的利益受到损害，他居然带头阻挠新政，汉文帝念及他是薄太后唯一的弟弟，也没有过多苛责。

太原叛乱发生后，汉文帝派钟毓前去平叛。不久叛乱平定了，钟毓得胜而归，汉文帝派薄昭等元老重臣到都门外接官亭迎接，谁料薄昭在接官亭处直接把钟毓绑回了自己的府邸（造成太原叛乱的罪魁祸首是薄昭的侄儿薄贵，钟毓在平叛时直接将薄贵斩杀），并威逼钟毓为侄儿薄贵披麻戴孝。钟毓不肯，竟被恼羞成怒的薄昭杀死。

杀死有功的朝廷命官，这可是重罪。以丞相为首的众大臣开始联名弹劾，这下可让汉文帝为难了，杀了薄昭，对不起母亲，不杀薄昭，对不起国法。该怎么办？

无奈之下，汉文帝想了一个法子。这一天，汉文帝宣诏让舅舅薄昭进宫。当他进宫打开殿门之时，发现汉文帝全身缟素，在写有自己名字的灵堂前捧酒献祭，至此薄昭明白了汉文帝大祭活人的苦心，拔刀自刎而死。

作为一位高高在上的帝王，为了不让母亲伤心，想出这种披麻戴孝的办法，让母亲的亲弟弟、也就是自己的亲舅舅自行了断，也足见汉文帝对母亲的尊重了。所以，文帝一朝包括他的儿子景帝执政时期，皇帝们率先垂范以孝治国的理念，整个汉朝呈现出政通人和、父慈子孝的新气象，成为"文景之治"这一盛世的重要注脚。这一方面,汉文帝真心尊重母亲的行为及其影响,是不能小视的。

第三,孝是一种舍我其谁的担当

子女作为父母生命的延续,在继承基因等生命特质的同时,也应继承对家庭的担当责任。所谓孝的这种担当,就是本来该父母来承担的苦难,做子女的来分担;本来该父母履行的未尽责任,做子女的来承担。

有一个公司总经理,因为下属某个部门在工作上的粗心失误,非常生气,让秘书把该部门负责人叫来,准备好好批评批评。不巧部门一把手正好出差在外,部门副职赶来后,首先就向总经理表示,全是自己的错,跟一把手没关系。总经理很是愕然,怒气消了一大半,稍稍批评几句后便让这个部门副职回去了。部门一把手出差回来后听说这个事,急忙跑来向总经理解释,说那件事做得不好不关副职的事,理应由自己承担全部责任。总经理听完后,笑着说了声,以后注意就行了。

这个故事告诉我们什么呢?对一个组织而言,管理者们需要明白的是:有时候比正确与否更重要的,是部属是否具有担当的勇气与责任,因为这是组织幸福与否和战斗力的来源,对家庭同样也如此。父母纵然做错了什么事,当子女的自然要规劝,并尽力去弥补纠正,但当付出一切努力仍无法改变事实时,就需要挺身而出、敢于担当,尽可能地减少父母的痛苦和遗憾。

管理者们也要看到,客观环境的限制、生活水平的差异、各种原因所导致的情绪波折,无论是我们自己还是部属,在孝道上很难做到尽善尽美。但正如《论语》所说,在尽孝上,只要做到"原心不原迹""事父母,能竭其力",只要用心,只要尽其力了,便可慨然无憾了。这就需要我们从细节处细心观察,由知孝而知部属们是否敢负责、有爱心、能担当,进而为他们匹配合适的岗位与职责。

轻视小人使不得

　　君子与小人，历来就是传统社会治理中绕不开的话题。孔夫子讲："唯女子与小人难养，近之则不逊，远之则怨。"意思是说，和那些内心险恶、卑鄙狡诈的人最难相处了，和他亲近相处时，他不懂得谦逊有礼。别人疏远他了，他又有怨恨。这句话确实道出了小人的德行。小人虽然德行不佳，但其能耐与危害却不能小视。历史上，因为小看小人、忽略小人、偏听偏信小人而导致的国衰民败的事可谓屡见不鲜。诸葛亮在《出师表》中曾用这么一句话表明小人的能耐与危害："亲贤臣、远小人，此先汉所以兴隆也。亲小人，远贤臣，此后汉所以倾颓也。"准确辨识小人、正确对待小人、合理使用小人，是选人用人中绕不开的话题，也是对管理者的一个严峻考验。

　　管理者所面对的团队，不可能是清一色的谦谦君子。哪里有江湖，哪里就有小人。不过需要澄清的是，在现代管理中，我们不能简单地把小人定义为内心险恶、卑鄙狡诈的人，一则，在一个符合法统的正式组织中，这种人即使有也仅是个别，对组织目标的实现很难具有决定性的影响；二则，如果说一个人内心险恶、卑鄙狡诈，基本上把他全盘否定了。一旦贴上这样的标签，其内在的向上向善的愿望就会被全面遏制，如果破罐子破摔，也绝非组织之福。因此，我们定义组织或者团队中的小人，应该是指那些愿望诉求不高，一味只关注自身利益，甚至为了一己私利不惜践踏组织或他人利益的人。对这样的小人，管理者必须予以足够重视。否则，以小人的能耐，成事不足、败事有余，对组织目标的实现造成极为不利的影响。

　　在东方式管理中，很难如西方管理一样，不加顾虑地轻易辞退一个人。但组织要发展，任务要完成，任由一部分"小人"为所欲为，既是对事业的不负责任，也是对包括"小人"在内的部属不负责任。对管理者来说，能否安定一支队伍，最大的考验就是：在用好"君子"的同时如何用好"小人"。透过《资治通鉴》，我们又可以悟到哪些管理小人的方法呢？

第一，切忌与小人争名逐利

争名逐利，是小人的独特优势，也是小人之所以为小人的标配。与他们争名逐利，只会使管理者劳心劳力，陷入纷争之中，对组织目标的实现没有任何益处。

安史之乱初期，哥舒翰镇守潼关，挡住了安禄山。郭子仪和李光弼驻守河北，使史思明进退两难，唐军面临的形势一片大好。面对这样的大好形势，理论上大家应该同仇敌忾，一举剿灭叛军。但丞相杨国忠却有自己的小算盘，因为他与哥舒翰是政敌，担心其立功后于自己不利，所以想方设法让其放弃了坚守潼关的正确策略，强迫官军出击，结果官军一溃千里，首都沦陷。

唐朝中后期，如杨国忠这样的小人不在少数，他们追功逐利，党同伐异。为了名利，当你顺风顺水时，他希望分一杯羹；但当你失意时，他们马上会跳出来横加指责甚至落井下石。能否在名利之争上摆脱与小人的纠纷，对有识之士是一个非常严峻的考验。

郭子仪就碰到了这样的情况。肃宗乾元二年（公元759年），郭子仪等九位节度使与史思明决战，因突然遭遇飓风，两军都被迫溃退。这下，观军容节度使鱼朝恩等一帮小人认为机会来了，他们瞅准时机向肃宗告了一状，肃宗也借此解除了郭子仪的兵权。郭子仪没有丝毫计较，回到家里安心过日子。过了三年，受宠的小人程元振因忌妒郭子仪功高，又跳出来向皇帝告其不是。郭子仪只好上书求自贬，同时表明自己的忠心，好在肃宗还不算糊涂，既不免郭子仪的职务，也不让他再带兵。而郭子仪，则一如既往地乐呵呵居家休闲，反而得以保全。

"天下熙熙，皆为利来。天下攘攘，皆为利往。"追逐名利本是人之常情，也无可厚非。但深陷其中、不择手段，就是小人的作风了。郭子仪以自己的实际行动告诉我们，对付小人，首要的一条就是不要与其计较，特别是不要与其争名逐利，否则，轻则败坏一世英名，重则会让自己迈入万劫不复之地。与郭子仪同为唐代名臣的李光弼、仆固怀恩就是因为没有处理好这个问题，陷入小人的诬陷迫害，以致一个晚节不保，一个起兵反叛，不能不说是个悲剧。

第二，对小人坦诚相待

小人也是人，管理者要做到以平常心而不是分辨心来对待他们，才有可能感化他们，从而形成短暂的有利于实现组织目标的和谐力量。须知，要想安顿好小人，就不能以小人之心对小人。

还是以郭子仪为例。取得大捷后，鱼朝恩私下邀请郭子仪到章台一叙（章台即当时的高级娱乐场所）。朝中有个副相王钦听说这个消息后，马上给郭子仪写了一封信，说鱼朝恩要加害他，让他千万别去赴约。元载等人也都正告郭子仪说，此去必不利，要去的话，也要带上三千铠甲护卫队。郭子仪大笑说："在天子脚下，鱼朝恩再横也不敢杀人啊。"于是，只带了一个小童、一个老兵欣然赴宴。

鱼朝恩见到郭子仪这种阵势后蒙了，按捺不住地问道："何车骑之寡？"意思是说，你郭令公为什么只带了这么少的人，难道不怕我搞突然袭击吗？

郭子仪当然知道鱼朝恩的心思，于是把来之前发生的事一五一十地告诉了鱼朝恩。鱼朝恩听了以后，深受感动，心悦诚服地对郭子仪说："除了您这种德高望重、心胸开阔的长者，谁都会怀疑我心怀不轨！"从此鱼、郭二人成了刎颈之交。

常言道，在职场中混，人际关系要简单，经济关系要清白。小人最擅长的就是搬弄是非，你耍心眼，他比你更会耍心眼，所以"与其智巧，不如拙朴"，以实相告，以情相待。虽不能从根本上改变小人的心态，但至少可以改变自己的生态。

郭子仪就是这样的高人，一般人都能看出鱼朝恩是小人，处心积虑想要置自己于死地，难道他就看不出来吗？可高明的是，他没有选择回避，而是慨然面对，直言相告，反而以坦诚打了鱼朝恩一个措手不及，使其备受感动，成功地破除了其对自己的威胁。郭子仪能够平安富贵地度过一生，与他始终能够保持一颗平常心、对包括小人在内的所有人坦诚以对是密不可分的。

实际工作中，有的管理者认为对小人干吗还要讲诚信？他不仁，我也不义，斗来斗去，两败俱伤。不如像郭子仪那样坦诚以对，毕竟，最大限度让支持自己的人越来越多、反对自己的人越来越少。既是确保管理目标实现的需要，也是管理者自身素质能力成长的必然要求。

第三，坚守兼听则明

小人嘛，擅长见风使舵，会挑些管理者爱听的话说，也会挑点管理者爱干的事做，哄得管理者很开心。但小人毕竟是小人，他的格局与追求决定了某些时候为了自己的利益，少不了打打小报告，搞搞小动作。这时候，管理者就要清醒了，一句话不听，会把关系搞得很僵，也可能错过一些真实有用的信息。完全都听，可能就会陷入由谎言或者推断造成的误区，由此造成对其他部属或者工作目标、任务的误判，最可行的方法是坚守兼听则明。

唐僖宗时期，有位大将叫高骈。此时的唐王朝，基本上已属暮年悲歌，皇权之下是藩镇割据，起义频发。庙堂之上是皇帝昏庸，宦官专权。这时候的高骈，正担任淮南节度使，虽然四周遍布敌人，但如果看透了形势、认真经营，也不至于坏到哪里去。但偏偏这时候，高骈迷信上了神仙，一遇到困难，就想到去求神拜佛。更可怕的是，由于偏听偏信，让一个叫吕用之的人给糊弄了。

为达到弄权夺权目的，吕用之对高骈说："神仙不难致，但恨学者不能绝俗累，故不肯降临耳！"吕用之的这句话，目的是想把高骈与外界的联系彻底中断，从而使自己全面掌控权力。高骈不加辨别，马上把自己关进密室，外人一律免见。有人请示汇报工作，需熏香沐浴去见他，且说不了几句话马上告退。久而久之，高骈就因失去部属支持而权力旁落，最后竟被囚杀，吕用之顺利达到了夺权目的。可以说，高骈之所以落得如此惨的结局，就源于他对吕用之这小人的话偏听偏信，如果清醒一点，问问其他大臣，恐怕也不至于此。

要做到不偏听偏信，其实也并不难。同样身为一国之君的汉昭帝，相比高骈，就要聪明得多。

元凤元年，也就是公元前80年，由于得到汉昭帝的高度信任，大将军霍光主持了朝政，一时权倾朝野。此时，因为长公主帮助，上官桀的儿子上官安当上了将军。父子俩同朝担任将军，荣耀一时。然而上官桀父子俩却高兴不起来，为什么呢？

原来汉武帝时，上官桀就已位列九卿，地位高于霍光。特别让上官桀不爽的是，当今皇后是上官安的女儿，而霍光却只是个外祖父。无论资历，还是与皇室的亲近程度，上官桀父子都不在霍光之下，凭什么他霍光权力熏天？与此同时，燕王刘旦觉得自己是汉昭帝的兄长，按照立长不立幼的常理，自己最有资格当皇帝了。哪知因为霍光的推荐，自己的小弟也就是汉昭帝登上了皇位，因此对霍光也是耿耿于怀。还有一个御史大夫桑弘羊，自恃自己在汉武帝时期创立盐铁酒类专卖制度、为帝国带来大量财富的盖世之功，想为子弟求取官职，遭到霍光拒绝后，也开始怨恨霍光。几个人联合起来，想密谋除掉霍光。

找准了一个机会，上官桀命令人以燕王刘旦的名义，伪造了一封状告霍光谋反的文书，说："霍光出外校阅郎官及羽林军时，就仿佛皇上出巡一般，命人清道，驱赶行人，派太官为其预先安排饮食。"又说："苏武出使匈奴，被扣留了20年而不肯投降，回来后也只给安排了个典属国的官职；而大将军长史杨敞并无功劳，却被任命为搜粟都尉；此外，霍光还擅自增选大将军府的校尉。他独揽大权为所欲为，是否能做出不利于朝廷的非常之举，令人怀疑。因此，我愿意交还燕王的印玺，进入宫廷，侍卫在皇上左右以防有变。"

趁霍光不在朝当值的时候，上官桀把这封诬告信递交给了汉昭帝，期盼只要汉昭帝一下令，就马上置霍光于死地。对于这种小人的伎俩，时年只有14岁的汉昭帝该作何应对呢？如果像高骈那样，不由分说，偏听偏信，那霍光可就惨了，好在这个汉昭帝算英明，告状信递上后，他一言未发。

第二天一大早，听说了此事的霍光不敢上朝。汉昭帝环顾左右问道:"大将军在哪儿?"

上官桀回答说:"因燕王控告大将军的罪行,所以他不敢进殿。"

汉昭帝听了,没有吱声,下诏让霍光进殿。

霍光进殿后,立马脱下官帽要请罪。汉昭帝阻止他说:"不用了,这奏章是假的。"

霍光诧异地问道:"陛下是怎么知道的呢?"

汉昭帝说:"将军去广明校阅郎官,是最近的事,选调校尉到现在不过10天,燕王怎么会知道这些事呢?况且将军要谋反,也用不着选调校尉。"

一番话说完,大家都叹服了。因为在当时,从燕王的驻地也就是今天的北京往返一次京城长安,没有个把月是不可能的。这就是说,10天之内有关霍光在长安城活动的消息,远在千里之外的燕王是不可能知道的。后汉昭帝下令追查,结果果然是假的。

坚守兼听则明,需要注意的是,在不要一味只听小人之言的同时,也要反省自己的内心,是不是也有小人之心?比如,汉昭帝虽然英年早逝,但也算是中兴有为之主,在对待霍光被诬告这件事上,就没有偏听偏信,而是在充分自信的基础上,根据自己的判断,做出了正确的决策。作为管理者,如果身边有像魏征那样的人,能够及时提醒自己谨防小人之言,当然是最好不过了。但如果一时分不清谁是魏征,谁又是小人?那就需要遵循阳光法则,以君子之心去研判部属们的各种告状之言,只要让理性驾驭情感,再狡猾的谎言也难逃真相的法网。

第四,以小人对小人

所谓"道不同,不相与谋",君子与小人,本身的格局起点就不同。让君子去对付小人,就犹如"秀才遇到兵,有理说不清"。所以,一个高明的管理者,为保证组织利益最大化,以最小的代价把小人的负面影响降到最低程度,就需要以小人对小人。

武则天是这方面的高手。为了镇压反对她的人,武则天任用了一批酷吏,其中有两个最为狠毒,一个叫周兴,一个叫来俊臣,堪称绝世小人。他们利用诬告及惨无人道的刑罚,杀害了许多正直的文武官吏和平民百姓，大家对他们深恶痛绝但又毫无办法。

有一回，一封告密信送到了武则天手里，内容是告周兴与人联络谋反。武则天大怒，责令来俊臣严查此事。来俊臣心想，周兴是狡猾奸诈之徒，仅凭一封告密信，是无法让他说实话的。可万一查不出结果，太后怪罪下来，我也担待不起呀。这可怎么办呢？

苦苦思索半天，来俊臣终于想出了一条妙计。他命人准备了一桌丰盛的酒席，把周兴请到自己家里。两个人你劝我喝，边喝边聊。酒过三巡，来俊臣叹口气说："兄弟我平日办案，常遇到一些犯人死不认罪，不知老兄有何办法？"

周兴得意地说："这还不好办！"说着端起酒杯抿了一口。

来俊臣立刻装出很恳切的样子说："哦，请快快指教。"

周兴阴笑着说："你找一个大瓮，四周用炭火烤热，再让犯人进到瓮里，你想想，还有什么犯人不招供呢？"

来俊臣连连点头称是，随即命人抬来一口大瓮，按周兴说的那样，在四周点上炭火，然后回头对周兴说："官里有人密告你谋反，上边命我严查。对不起，现在就请老兄自己钻进瓮里吧。"

周兴一听，手里的酒杯啪哒掉在地上，跟着又扑通一声跪倒在地，连连磕头说："我有罪，我有罪，我招供！"这个记载在《资治通鉴》里的故事，就是成语"请君入瓮"的由来。

周兴与来俊臣，是恶毒小人中的高手，按照常规程序，打入大理寺，让正人君子们来审理，估计难以奏效。武则天的高明之处在于，让小人治君子的同时，也让小人治小人。她自己则可左右逢源，把权力掌控于股掌之中。因为武则天明白，所谓的君子，在耍弄权术心眼上，根本不是小人的对手。为了达到自己的目的，小人要用，但也要治。否则，小人犯起乱来，比君子们犯的难更难收拾。用小人去治，一方面可以达到治的目的，另一方面也可敲打去治小人的小人，让其不要得意忘形，知道该有所畏惧。今天的管理者们，当然不能搞权术，纵容小人为难，但要懂点艺术，把小人用好了，也可为组织增添发展的动力。

第五，必要时行霹雳手段

无论什么组织中的小人，尽管有各种各样的来路，尽管要处理他们会遇到各种各样的阻力，但作为管理者必须明确，如果小人触犯了组织的底线，那就必须坚决处理，否则的话，"当断不断，反受其乱"，组织的秩序会荡然无存。

东汉少帝时，何太后临朝听政，何进与太傅袁隗辅政，兼领尚书事，掌握朝廷大权。当时，天下人对宦官深恶痛绝，特别是其中的小人蹇硕，阴险狠毒，此前曾阴谋加害过何进，并且为延续自身利益，还企图废立皇帝，只不过因为种种原因没能得逞。一方面，为了铲除这股势力，何进聘请了智谋之士逢纪、荀攸等作为心腹，暗中与袁绍、袁术结交，准备一举诛灭宦官。另一方面，蹇硕等人绝不甘心坐以待毙，写信给中常侍赵忠等宦官，准备捕杀何进。哪知其中的一个中常侍郭胜是何进老乡，与何进很要好，他和赵忠等商议，不依蹇硕计策，反把蹇硕的信交给了何进。事情败露后，何进捕杀了蹇硕。袁绍建议何进抓住这个机会，统领禁军，诛杀宦官。

何进深以为是，把与袁绍所定之计禀告了太后。太后不允，说："宦官统领禁省，自古到今，汉家老规矩，不可废。且先帝刚逝世，我怎么可以堂而皇之地与士人共事呢？"他的弟弟何苗也说："我们何家因为贫贱，才从南阳来到京城，依靠宫中宦官获得贵富。国家的事，也不容易！覆水难收，应当好好考虑，与宦官们保持和好关系。"

何进虽外有大名，但内心却缺乏决断。尽管袁绍多次催促，何进仍然犹豫不决。见此情形，袁绍便自作主张，以何进的名义写信给各州郡，命他们逮捕宦官亲属。如此一来，何进与袁绍等密谋诛杀全部宦官的计划就公开了。

宦官们非常担心害怕，张让托关系请求进宫见太后和小皇帝最后一面。得到何太后同意后，张让趁机说服何太后，把以前罢退的宦官召回宫里。8月，张让带领常侍段珪、毕岚等几十人，埋伏在宫中，待何进晋见太后时将其斩杀了。

何进为什么会失败？一个重要原因，就是对明显违反组织秩序、企图谋乱的张让等小人，在杀与不杀的问题上优柔寡断，当断不断，最后反受其乱！在管理实践中，对某些一心只为私利，甚至为达到个人目的不惜严重违规违纪的小人，有的管理者表现得顾虑重重。担心要是把他开除了，他以后的生活该怎么办？或者担心上级和别人怎样评价自己严肃处理这个事？会不会对自己造成不良影响等等。总之，前怕狼，后怕虎，患得患失，就是不敢下决心行霹雳手段。久而久之，组织的规矩和秩序就会荡然无存，管理者也会失去应有的权威，最终受损的还是组织的整体战斗力和凝聚力，这是我们从历史中应该吸取的教训。

第六课
如何强化执行——善于上下合力

有人将西方提出的ISO9000管理体系概括为四句话:"凡是要做的就必须写出规定,凡是规定的就必须去做,凡是做了就要留下记录,凡是有记录的就有人检查。"这四句话的真谛,就是强化执行。对一个组织而言,再宏伟的目标、再优秀的团队,如果没有卓有成效的执行力,组织也只会是一盘散沙。强化执行,并非只是部属的事,更重要的是管理者们要发挥好带头作用,要控制好自己的情绪与权力,既不能在执行问题上随心所欲,打折变通,同时又要严守执行时的职责边界,通过实施有效的授权管理和考核检查,确保执行实效。

意气用事要不得

人活在世上,哪个没有一点脾气?情绪化地办事冲动好像是人人都可以理解的事。但作为一名管理者,如果控制不好自己的情绪,动不动意气用事,带来的后果可能就很严重,甚至造成无法挽回的局面。

今天要分析的,就是和意气用事话题有关的故事。

汉武帝是中国历史上的一代明帝。毛泽东同志在《沁园春·雪》一词中曾赞曰:"惜秦皇汉武,略输文采。唐宗宋祖,稍逊风骚。"在盛赞汉武帝雄韬伟略的同时,委婉指出了他的美中不足——略输文采。其实,综观汉武帝一生,他缺少的不仅仅是文采,在某种程度上说,他的成败得失,与不能控制好自己的情绪、喜欢意气用事不无关系。

《资治通鉴》记载了这么一个故事:

大将军卫青领兵出塞后,从俘虏口中得知了匈奴单于的住地,决定亲率精兵直击敌人。同时命令李广带一路人马从东部迂回进击。作为一名从少年时代就开始与匈奴作战的将领,李广梦寐以求的,就是找到单于主力,决一死战以成英名。如果按照卫青命令,从东边进击,不仅绕路较远,水草稀少不利行军,也会丧失一次绝佳的,也可能是唯一的从正面迎击单于的机会。于是,李广向卫青多次请求更改成命,让自己直击敌人,无奈卫青就是不准。李广不得不领军向东。正如李广所料,从东部进军,路途遥远又碰上恶劣天气,只得无功而返。兵败后受到卫青责备,李广不堪受辱自杀而亡。

那么,卫青为什么始终不肯给李广一个直接出击、立下不世功勋的机会呢?有一个说法,说是卫青的好朋友公孙敖刚失去了侯爵位置，卫青想让他与自己一起直接迎击单于以助其立功，恢复爵位。这当然是一个理由。不过更重要的原因，是汉武帝曾对卫青说，李广年岁已高，运气又不好，不要让他与单于直接交锋，恐怕他完不成擒获单于的任务。

那时，李广确实年岁已高，但他是否还能率军征战，汉武帝并不清楚，仅凭自己的直觉，便否定了李广的价值，以致李广因最后不能忍受名誉之辱抱憾而死，这不能不说是汉武帝意气用事留下的遗憾。

无独有偶，晚年的汉武帝更是刚愎自用，意气用事。在鼎湖宫居住时，汉武帝突然得了重病，长时间医治无效。后来听人建议请了一名巫师，让他住在甘泉宫，等到发病的时候，便派人去向这个巫师请教。巫师说："天子不必担心，等到病稍好转，就请到甘泉宫来与我相会。"这天，汉武帝感到身体不错，便起身前往甘泉宫。途中经过右内史义纵管理的地界，看到道路坑洼不平，很生气地说："难道义纵认为我再也不会走这条道路了吗？"从此对义纵怀恨在心，想着要找机会好好收拾一下他。

时隔不久，机会到了。为弥补连年战争所造成的国库空虚，汉武帝颁布了"缗钱令"，要求老百姓捐献自己的财产帮助国家。命令下达后，执行效果不怎么好。汉武帝于是派出杨可，让他主持对隐瞒财产者进行告发和大规模惩处。义纵认为此举骚扰了老百姓，命令部下逮捕了杨可派出的人。汉武帝大怒，不假思索地以抗旨之名斩杀了义纵。

表面上看，义纵之死是抗旨不遵。实质上，是汉武帝对义纵当年道路维护不力之事存在误解，因此根本不考虑义纵阻止杨可，本质上还是为了维护汉家江山的安稳，仅凭坏印象，便意气用事地将其处死。不得不说，当权者的喜怒哀乐如果不节制，对属下就是一场灾难。

相对于怀恨在心的意气用事，那些怀爱在心的意气用事，看起来很温柔，其破坏力也不可小视。

前面说到李广含恨去世后，其子李敢对此一直耿耿于怀，总认为是大将军卫青的错，于是找机会把卫青打了一顿。卫青为人宽厚，把这事给隐瞒了下来。但不知怎的被他外甥霍去病知道了。霍去病哪忍得下这口气，趁李敢陪同汉武帝在甘泉宫打猎之际，径自用箭射死李敢。汉武帝非常宠信霍去病，就隐瞒真相，说李敢是被鹿撞死的。要知道，霍去病擅杀大将，可是要灭门的死罪。汉武帝之所以通过撒谎欺骗来为霍去病隐去大罪，本质上就是因为怀爱在心意气用事。而不论哪种意气用事的结果，都给帝国的长治久安埋下了隐患。

彼得·德鲁克曾指出，企业管理层首要关心的问题，并非迄今为止备受关注的对物资和技术的管理，而应该是对人的管理。在此基础上，德鲁克提出了一个"管理者态度"的理念，即一个企业要提高人力资源的效率和生产率，就要使所有的员工都能够像管理者那样对待自己的职位、工作和产品。试想一下，如果上层管理者们像汉武帝那样，动不动意气用事，态度飘忽不定，作为部属的员工，又怎么可能做到准确洞悉并修炼成"管理者态度"呢？所以，成为一名卓有成效的管理者，这首要的修炼就是要掌控好自己的情绪。

大凡意气用事的人，都喜欢发脾气。《中庸》上说："喜怒哀乐之未发谓之中，发而皆中节谓之和。"不管是管理者还是一般人，要完全做到这一点还真是一件很难的事。因为很少有人认识到，如果你是对的，你没必要发脾气；如果你是错的，你没资格发脾气。泰国的传奇人物白龙王曾告诫说：人只要脾气好，凡事就会好。仔细想来，汉武帝人生的某些悲剧，不就是源于其没有控制好自己的脾气、意气用事吗？

喜欢意气用事的管理者，表面上看，是因为不能很好控制自己的情绪，从深层次上讲，是没有掌握好对部属实行有效管理的规律。在面对执行中出现的种种问题时，难以冷静客观地分析症结所在，单纯以情绪发泄的方式，强化对部属的管理与控制。殊不知，这种违反组织基本准则的行为，即使部属迫于权势，不得不从，但很难从内心赢得部属尊重，长远来看，也必然会损害组织的执行力。李广含冤而死、义纵被枉杀、李敢被谋杀而凶手霍去病免罪，既是汉武帝意气用事的反映，也是其带头破坏规矩的折射。管理者如果自己都不能做到严以律己，又怎么能指望部属全力以赴执行规定呢？

知名管理大师，通用电气前任CEO杰克·韦尔奇曾总结了员工管理的六条经验，在我们看来，这六条经验，既是打造卓越团队执行力的关键法则，也是管理者避免意气用事应遵循的基本准则：

1. 把人力资源管理提升到重要的位置，提升到组织管理的首位，并且相信人力资源管理人员具有特殊的品质，能帮助经理们培养领导者、发展事业。实际上，最出色的人力资源管理者既是牧师，又是父母。

2. 采用一套严格的、非官僚化的业绩评价体系，同时认真考察员工的品行，就像《萨班斯—奥克斯利法案》要求的那样。

3. 创立有效的激励机制——通过金钱、认同和培训的机会来激发和留住员工。

4. 积极对待与周围群体的关系——包括同工会、明星人物、边缘分子和捣乱分子的关系。

5. 与惰性抗争，不要忽略中间的70%的群体，而是把他们看作组织的心脏和灵魂。

6. 尽可能设计扁平化的组织机构，清晰地揭示出各种关系和责任。

不以私意坏规矩

　　1945年4月,毛泽东同志在党的"七大"所作的报告《论联合政府》中指出:"这个军队之所以有力量,是因为所有参加这个军队的人,都具有自觉的纪律。""加强纪律性,革命无不胜。"这是为我们党和人民军队历经艰苦卓绝斗争、不断取得胜利的历史所反复证明的真理。既然是纪律和规矩,那就应该是无论什么人,都必须平等地毫无例外地执行。然而,在历史上,既定的纪律规矩,往往只对普通人起作用,总有一些高高在上的管理者,随意破坏这些规矩。居上位者这样示范,想要部属不折不扣地执行,是很难让人心服口服的。

　　《资治通鉴·魏纪》里有这么一个故事:

　　故事的主人公是魏文帝曹丕。说起曹丕,其之所以能称帝,当然归功于他有一个好老爹——曹操。但曹操是没有称帝的,所以曹丕可说是曹魏时代的第一个皇帝。不过这个皇帝在奉公守法上,与他老爹比起来可就差远了。众所周知,在历史上,曹操尊重法治是出名的。他曾以"割发代首"的方式,对自己违反军纪的行为进行惩罚,虽然后人评论说曹操是"奸雄",以把头发割了代替砍头,故意逃避罪责,但古人讲究身体发肤受之父母,不可毁伤,割发可以算是不孝之大罪,所以曹操就在军前割发代首以明军纪也是难能可贵的。正是曹操的示范,曹丕等一行人规规矩矩,自然不敢乱来。

　　但是,人算不如天算,光自己谨慎小心,并不能保证与自己联系紧密的人都小心谨慎。曹丕的一个小舅子犯了法,要受到法律严惩。身为国之储君,总不能眼看着小舅子受罚无动于衷吧?于是,曹丕找到了负责此案的官员鲍勋说情,但鲍勋偏偏是个铁面无私的执法者，根本不给曹丕面子，按规定惩处了他的小舅子。曹丕由此非常不爽，仇恨的种子就此埋下。曹丕称帝后，鲍勋又多次直言进谏，直指其不足，曹丕就更加气恨，下决心要找机会收拾鲍勋。俗话说："欲加之罪，何患无辞。"对于曹丕这样高居权力顶端的管理者来说，找个碴治一治鲍勋实在是太容易了。

一天，曹丕率军出征，鲍勋担任随军司法官。路过陈留郡时，陈留郡的太守按规定来拜见曹丕。拜见完毕，见时间尚早，顺便去拜访老朋友鲍勋，但他没有按照规定的道路走，而是径直穿过军营，来到了鲍勋的住处。要知道，古时候行军打仗，大军驻屯后，要建造很多防御型的壁垒，设置将士的营房，当然少不了一些涉密区域。所以军法明确规定，必须在规定的道路上行走，不能乱穿。由于大军才到，很多军事工程并没有完工，只是在营地里封道、圈地或者在上面作了个标志，并没有实际营垒。这位太守图方便，便直接穿过去了。

这件事很快被一位姓刘的执法官知道了，准备按法令处罚这名太守。因为鲍勋同为执法官，同时这位太守也是在去探访鲍勋的路上犯事的，于是刘姓执法官就去征求鲍勋意见。鲍勋认为，在军营中禁止斜行的法令，只适用于在营垒建成之后。而太守走的时候，营垒还没有建成，因此不能适用这条法律。不管鲍勋的解释是否合理，也只是他对法令的一种认识。但这话传到曹丕耳里，可就不一样了。终于等到了收拾你的机会，岂能轻易放手？于是，曹丕下令"勋指鹿作马，收付廷尉"。把鲍勋给抓起来惩罚。

这事确实太搞笑了！本来是太守犯法，而鲍勋只不过是发表了一点意见，却变成了犯法的主角。而真正的主角——陈留太守却被晾在了一边。其实，这正是曹丕处心积虑想收拾鲍勋的直接体现。

更有甚者，负责审查鲍勋案的廷尉一看皇帝发这么大的火，琢磨着肯定是鲍勋把皇帝得罪了，于是狠着劲给他判了个劳改五年。曹丕和廷尉不讲理，但也有讲理的人。这个案子按规定要审核，负责审核的官员一看，鲍勋的问题，不就是提的建议不对吗？提个建议不对，哪用得着判五年呢？按照法律，鲍勋至多也只能判罚金二金，于是审议官就按这个意见驳回了廷尉。

听完这个驳议，曹丕勃然大怒，说："勋无活分，而汝等敢纵之！收三官已下付刺奸，当令十鼠同穴！"这话一说，皇帝的心思就昭然若揭。只因泄私愤，就随意以行政命令代替法律，不仅要处理鲍勋，连正确履行自己职责，替鲍勋辩护的官员也不能幸免。可以说，这是典型的以言代法，随意扰乱司法。至于这个事的直接后果，司马光是没有说的。但这个故事在《资治通鉴》里，是采取倒叙的方式写的，这就有点盖棺定论的意思。在某种意义上，司马光是在提醒统治者们，曹魏政权为什么不能长久，恐怕与曹丕的不遵法度有一定关系。

大到一个国家，小到一个企业，作为管理者，不可能没有一定的自由裁量权。人都是有情感的，但如果任由情感支配，丝毫不考虑法理和社会效果，自由裁量权就有可能失控，对国家或者集体利益造成损害。如何在这两者之间进行取舍，是对管理者价值观、利益观的直接检验，只有睿智的人，才能够清晰地分清两者之间的区别，从而做出正确的选择。

《资治通鉴·唐纪》里记载了这么一个故事：

宫廷乐工罗程善于弹奏琵琶，自唐武宗时已得到宠幸。唐宣宗通晓音律，继位后，对罗程愈加宠爱。罗程却不自量力，自恃皇帝宠爱，无法无天。有人瞪了他一眼，他居然将别人杀死，因此被逮捕。因为罗程平时人脉不错，宫廷的乐工们积极想办法，想让唐宣宗赦免罗程。

有一天，在为唐宣宗演奏音乐时，乐工们专门为罗程设了一虚席，席上还放着罗程的琵琶。一曲弹完，他们齐跪在宣宗面前，哭泣不已。宣宗感到很纳闷，问他们为何哭泣，乐工们回答："罗程辜负了陛下的恩情，罪该万死，但我们可惜的是罗程的琵琶演奏是天下无双的，如杀了他，恐怕以后陛下再也听不到那样精美的演奏了。"

唐宣宗说："你们可惜的是罗程的琵琶演奏技艺，我所珍惜的则是高祖、太宗留下来的法律。"最后，罗程被判处杖刑，用乱棍打死了。

唐宣宗算是一个明白人，能够克服私欲，坚决维护法律的严肃性，确实难能可贵。表面上看，他处死的只是一个罗程，但从根本上说，通过惩处一个罗程，树立了法律的绝对权威，明示了不管是谁，哪怕你再有才，再受宠爱，也决不能以身试法，否则，严惩不贷。只有这样，才能确保大唐江山永固。当然，要想大唐江山永固，并不是只有一个唐宣宗坚持护法才能做到的，需要的是一代接着一代的皇帝们都如此去做，这显然是不现实的，事实上唐王朝最后的衰落与诸法无常、藩镇割据导致民不聊生就有着密切关系。但在唐宣宗执政的一段时间内，他坚定不移地严格执法，长期坚持，形成制度化，法治的成效还是充分显现出来了。

联想集团刚成立时，员工们大都没有时间观念，开会经常迟到早退。为此，柳传志规定：凡是开会迟到的人，自已先罚站一分钟。第一个犯规的是公司副总经理，也是柳传志的老朋友。怎么办？虽然柳传志心中很纠结，但还是硬着头皮执行了纪律。这做法数十年如一日。联想开会时，常会看到一两个人"挂"在那里。而整个联想团队因柳传志的这种坚持而强大。2004年，当已经成立15年的联想宣布收购IBM全球的PC业务时，尽管有人怀疑这种"蛇吞象"是否好消化，但再也没有人怀疑这是一家国际化的大公司的执行力。

总之，管理一个国家或团队必须有善法，必须有好的规矩。但法和规矩的目的不在于禁绝、惩罚本身，而是在于确保国家发展、社会和谐、民生福祉的实现。要想做到这一点，除了大家都要遵守法律和规矩外，更重要的是身居高位的管理者们要身先士卒地去执行，绝不能随意扰法。有善人无善法，则没有规矩方圆。有善法而无善人，则法成为空文，或成为舞文弄墨者的手段，这些都是管理者们必须警惕的！

每临大事需静气

《弟子规》里有这么一句话："事勿忙，忙多错。勿畏难，勿轻略。"意思是说：碰到任何事情都不要慌乱。为什么呢？忙者多错。急匆匆的，容易惹出一些麻烦，反而把好事变成了坏事。遇到难事了，也不要轻视。

在工作执行中，可能会遇到这样的情况，有的部属会对管理者讲：我水平有限，您交代的事我干不了；这个事我以前没干过，可能干不了。什么情况都没了解，就先怕了，这是不行的。但是，光"勿畏难"是不够的，还得"勿轻略"。换句话说：一方面，既不要凡事还没有做就觉得很难，同时，也不要还没做就觉得它很容易，畏惧它，轻视它，这两个极端都是要避免的。这段话实际上揭示了中国式管理中一个非常经典的智慧，那就是孔老夫子所讲的"必也临事而惧"。碰到一件新事情，你要心存一点畏惧之心，非常认真地准备，非常用心地去处理这件事，如果太畏难，或者太轻视，效果都不会理想，这样的例子在历史上可以说比比皆是。

《资治通鉴》里记载了这么一个故事：

唐玄宗开元初年（公元713年），河南尹李杰接到一个寡妇控诉儿子不孝的案子，唐代子女对父母不孝不仅仅是道德问题，还有可能触犯死罪，那个时候"十恶"之罪中的第七条就是不孝。

李杰下令将那个不孝之子抓到大堂上审问，被告没有为自己辩解，只是说我得罪了母亲，现在只求一死。李杰对那个寡妇说，你只有儿子这一个亲人，现在告他不孝，如果罪名成立他是会被处以死刑的，你不后悔吗？而寡妇态度决绝，执意要告。见如此，李杰只好告诉她赶快去买一口棺材，准备盛放儿子的尸首。

如果事情就这么简单就不叫故事了。李杰是官场闻名的大孝子，在大堂上听到作为被告的儿子说出只求一死的话时，就对案子产生了怀疑。而那个寡妇坚决要置自己儿子于死地，这个态度就进一步加深了这种怀疑。所以，当寡妇满意地出门去买棺材时，李杰即让人紧随其后，暗中监视。

果然不出所料，寡妇一出大门，就有一个道士迎了上来，那寡妇对道士说，事情办妥了。监视的人回来汇报，李杰就断定有问题。但他还是期望寡妇能够悔过，所以当寡妇买了棺材回到衙门后，李杰多次劝说：你就这么一个儿子，死了就不能复生了，你现在后悔撤诉还来得及。但寡妇的态度坚持如初。看到事已如此，李杰给旁边的衙役使了个眼色，那个站在门外等待的道士被当场按住押到堂上讯问。一个刑讯回合下来道士就招了，他供述说自己和寡妇勾搭成奸，有一次被儿子撞见，于是就有了除之而后快的想法。查清了缘由，李杰当场宣判，儿子无罪释放，寡妇和道士被处死。

这是个很典型的例子，如果李杰行事草率，不仔细审视，可能就会酿成一个冤案。《弟子规》中为什么劝诫人们在面临大事的时候必须要有静气？这除了警示人们匆忙容易造成悲剧和错误外，另一个很重要的方面，在于它揭示了管理的本质要求。

我们知道，决策是管理中最重要的一个环节，也是对管理者能力素质最严峻的挑战之一。要做到科学决策，准确决策，绝不是件轻松的事。管理决策分为两大类：一类叫作日常决策，一类叫作重大决策。每一个管理者，都会面对日常决策和重大决策的挑战。而所谓遇到的大事，就是管理者所遇到的重大决策。

管理决策最困难的地方在于，既要面对人，又要面对事。所以管理者既要具备自然科学的思维方式，也要具备社会科学的思维方式。自然科学的思维方式可以用实验不断接近真理的方式来取得正确的判断，也正是这种实验的特征，可以允许冲动，允许不断地犯错误，不断地调整，获得成功后以前的错误可能一笔勾销。而社会科学思维方式又是另一种特征，它要求有文学、史学、哲学的思维素养。其特点使我们无法用实验的方式来认识事物，不能犯错误，一次错误可能就无法挽回，这就和自然科学思维的方式完全相反。

自然科学和社会科学两种思维属性是科学管理的应有之义，这就决定了在作重大决策时，管理者必须有静气，绝不能简单冲动。不能凭经验、不能凭情绪、不能凭感觉，要综合考虑多种因素，把自然科学思维和社会科学思维统筹起来，才能够做出理性决策。

美国的威斯汀豪斯电气公司在电力设备、家用电器及军用电子设备制造方面誉满全球。它之所以能够取得如此大的成功，与创始人乔治·威斯汀豪斯面临重大战略时的冷静决策密不可分。

1886年，威斯汀豪斯成立电气公司时选择的突破口是推广交流电应用，但市场却为大发明家托马斯·爱迪生发明的直流电所统治。为维护利益，爱迪生及其所创办的通用电气公司对威斯汀豪斯进行全面压制，声称交流电不安全。

怎么办？是接受爱迪生的邀请放弃既定目标，加入其队伍？还是另辟蹊径？威斯汀豪斯没有被爱迪生的名气所吓倒，在经过冷静思考后，他坚定地作出了发展交流电的决定。1891年，他在科罗拉多州建立了全美第一座交流电发电站，并在1893年取得了两项重大胜利，一是为芝加哥世界博览会提供电子服务；二是在竞标尼亚加拉瀑布水电站工程中，击败了爱迪生的通用电气公司等众多强手而夺标，由此而成为与通用电气齐名的大公司。这一切都应归功于威斯汀豪斯理性决策的功劳。

那么，我们怎样做到每临大事屏住静气，科学理性决策呢？

第一步要首先要识别问题，搞清楚管理目标和现实之间的差距。

第二步是要确定标准，要分析出哪些因素与这个决策有关，从而为下一步的针对性行动奠定基础。

第三步是分配权重。每一个标准的重要性实际上是不一样的，这就需要确定它们的优先程度，把最有利的资源分配到最重要的标准上去。

第四步是拟订方案，要列出可以成功解决问题的各种方案，暂时不做评价。

第五步是分析方案，要深入开展利弊分析，把风险考虑全，所有的分析应该着眼于效果最大化和方案本身的吻合度，不要过多考虑这些方案来自谁的提议。

第六步是确定方案，就是在上述分析方案的基础上进行决策，最重要的是问自己：这个方案是最好的吗？还有没有需要考虑的因素？我们作决策时是不是受到来自权力等非理性决策因素的影响？

第七步是执行方案，要考虑方案执行时部属们的接受程度和可调配的资源，否则效果不会好。

第八步是开展方案执行效果评价，要通过控制过程、检验成果来改善推进，确保管理质效的最大化。

力戒上侵下职

俗话说："上下一条心，黄土变成金。"管理者与部属之间，能不能做到相互了解，彼此支持，是管理能否有效的关键因素。所谓上侵下职，就是职责不清，该部属办的事结果管理者给办了，管理者反而说部属不用心、不称职，对部属造成伤害和误解。

管理学上有一条基本原则，就是领导只管例外不管常规。意思是说，凡是有规则规定的常态化的事情，员工照规矩办就行了。领导只负责那些没有规矩、没有先例的事。为什么呢？因为管理者的职责之一，就是不断成就部属。如果非常复杂的事情，即使部属不会做，作为管理者，也是有责任辅导帮助部属学会做好。部属会做但不愿不敢或者做得不好，管理者更有责任找出原因，帮助其加以矫正改进，使部属愿做、敢做、做得更好。一味地指责埋怨部属不努力、不用心、不尽职，只会让部属心灰意冷，无益于激发团队的整体效力。

《资治通鉴》有这么一个故事，是说怎么和部属分清责任区划的：

有一天，魏文侯正和他的部下田子方一起喝酒，乐队在旁边演奏音乐。喝着喝着，魏文侯忽然说，这编钟奏出的音乐好像不对，左边的音高了。田子方听完后，哈哈大笑。魏文侯很纳闷地问："你笑什么？"

田子方回答说："臣闻之，君明乐官，不明乐音。今君审于音，臣恐其聋于官也。"意思是说，作为一名君主，重要的是知道什么人在什么位置上是否称职，而不是精通某项具体业务。就演奏音乐来说，君主只需知道这个乐官是否能够正确履行职责，至于具体的音对不对，那就不是你所要关注的事了。

这个事不大，田子方之所以把它挑出来说，是想告诉魏文侯：君主应该如何行使职责。其实无论是贵为一国之君的魏文侯，还是今天的管理者，他们走到这样的一个高位，肯定要有一定的才华，有的在某方面可能还是专家级人才。但在管理岗位上，所需要做的是统筹全局，而不是乐于做自己擅长的事。评价一个单位、一个部门的工作是否优秀，所看的一定是它的整体效果，绝不是看管理者个人的才华。

任何一个组织、一个单位都是一个复杂的综合体，要把它运作好，需要方方面面的配合，如果随意打破职责划分，管理者亲自抓某项具体工作，相当于剥夺了具体负责人的职权，工作都被管理者干了，那么部属的价值又何以体现呢？这就是典型的上侵下职，长此以往，很容易导致越权而形成混乱。

作为一名负有全局责任的管理者，需要关注的不是任何一方面的具体工作，而是要掌握识人、用人、助人的法则与技巧。只要挑对了人，只要用正确的方法培养人，让部属放手工作，团队的战斗力就会最大限度地激发出来。否则，如果像诸葛亮那样，每件事都事必躬亲，不仅自己会累得"出师未捷身先死"，而且还会导致团队因严重依赖某个管理者所形成的后继无人现象。

然而，在现实的管理工作中，总有一些管理者喜欢亲自指挥或者直接插手某项具体工作，是什么原因呢？归结起来，无非以下几条：

1.看不惯部属笨手笨脚的样子，总觉得自己能轻松搞定，部属怎么也赶不上自己。

2.受不了部属的低效率，怕到规定时间他完不成，不如自己亲自动手，又快又好。

3.不愿意承受部属们爱做不做的刁难，赌气自己完成。

4.不放心部属的马虎态度，担心他做完后会给自己惹麻烦，干脆自己辛苦一下。

5.很多工作自己做起来很简单，但是要交给部属去做，需要费很大的劲指导修改，还不如自己做省心省力。

6.不想让部属认为这项工作非他不可，好像自己没能力，因此要做给部属看一看，以此表明自己也有能力。

7.不愿自己的上司认为自己缺乏能力或者偷懒，所以想做一些具体工作，来证明自己。

8.出于保密，认为有一些不应该交给部属的工作，就自己做。

这些原因听起来很高大上，但究其实质，一是自恃才能过高；二是不能清晰地界定自己的职责。

关于自恃才能过高，毕竟没有全才的人。再有才的管理者，也不可能什么都精通。如果你干预的工作是你所擅长的，那还好说，要是碰到不擅长的事务呢？岂不是要耽误工作。

关于不能清晰地界定自己的职责，还是以魏文侯的故事来说明。乐器调音是否合格，该由乐官来管。作为一国之君，你要知道的就是，乐音不协调的问题，到底是谁的职责？这个乐官能不能履行好这个职责？如果乐官是因为工作疏忽，导致乐音不调。这种应发现的问题而没有发现，那就应该加强对他的岗位责任教育，甚至考核。如果是专业能力问题，这个乐官如南郭先生一样，根本就不具备履职的基本能力，那就应该考虑换人了。而不是亲自去指出这个乐器存在什么问题，该如何去调整。如果仅指出具体问题，而不考察乐官，今天碰上的正好是你懂的音乐，可以很快把问题纠正过来。以后碰到自己不懂的事情，自己发现不了问题，又没有人有明确的职责来发现和指出这些问题，那岂不要坏事？

在中国历史上，有一种只注重细节而忽略大局的管理者，我们称之为"察察之明"。意思是说这些人，有特别强烈的展示特长、表现精明的欲望，总希望通过指责别人工作细节中的失误，来表示自己的精明。在上面的故事中，如果魏文侯不听田子方的劝说，一意孤行，那就是"察察之明"。管理学上有一个现象，叫"强将手下皆弱兵"，说的也是这个道理。一个单位、一个部门如果没有严格的职责区分，总是上侵下职，当领导的总想着通过自己做或者干预部属的具体工作来显摆自己，而忘记了自己最重要的职责是什么，恐怕最后的结局都是费力不讨好。

不懂授权就得累死

"心智决定视野,视野决定格局,格局决定命运,命运决定未来",这是多少管理者们生死沉浮的生动写照。在管理中不可忽视的一个事实就是,时间对所有人都是公平且有限的。管理者如果不能集中时间,并把它有效用于最重要的工作上,那就很难完成一些重大使命。如何解决这一问题?这就需要在遵循要事优先,把最重要的事做好的同时,用人所长,放手让部属完成分内之事,以防自己的时间、精力被无限挤占,从而影响组织最重要目标的实现。毕竟,一个管理者,在组织中的地位越高,承担的责任越大,对时间与精力的要求也就越高。

千百年来,我们形容一名管理者忠于职守,辛勤工作时,总会想到一句话,叫"鞠躬尽瘁,死而后已"。表面上看,能做到这一点的,一定很高大上。他们夙夜在公,事必躬亲,凡事都担心如果不亲自办的话,恐怕要搞砸。这种人,就是典型的不"懂"授权的管理者。当然,不懂有时候也不一定是真的不懂,也许是不愿,也许是不敢,还也许是不能,但导致的结果只有一个,那就是累死。在这方面,诸葛亮可以说给了我们一个深刻教训。

三国争雄时,诸葛亮感激刘备的三顾茅庐之恩,心怀中兴汉室,还于旧都的理想,不辞辛劳地奔波在与吴、魏两国争斗的战场上,可谓兢兢业业。

《资治通鉴》里记载了这么一个故事:

蜀魏两军对峙时,诸葛亮派了一名使节到司马懿军中,准备与司马懿好好谈谈,给相持不下的双方找个合理的收兵理由。谁知司马懿见到使者后,根本不谈军事情况,只是询问诸葛亮的睡眠、饮食和办事情况。使者很纳闷,如实回答说:"诸葛公早起晚睡，凡是二十杖以上的责罚，都要亲自批阅；所吃的饭食不到几升。"送走使者后，司马懿对人说"诸葛孔明进食少而事务烦，他还能活长久吗？"果不其然，就在司马懿说完这句话不久，诸葛亮就因为积劳成疾在五丈原病世。

司马懿问的，使者答的虽然只是饮食起居问题，却真实反映出诸葛亮的管理逻辑和工作状态。军旅事务繁多，大至作战计划、将领调配，小至一个具体惩罚，他都要亲自过问。试想，再好的身体也扛不住啊！所以他睡得少吃得少，不是不想睡不想吃，而是没时间睡没胃口吃！那么，是谁造成这样的结果呢？是诸葛亮自己。

中国的军事斗争从战国以来从来就没有间断过。有关军队的粮草供应、违纪官兵的处罚，在军中早已形成固定流程，并有相应的主管官员来负责。作为军队统帅，其主要职责就是制定战略，调兵遣将，制订宏观方案打赢仗。至于其他的一些事，完全可以授权别人办理，至多只需知道一个结果就行了。虽然以诸葛亮的智力和能力，同一时间处理多个事情没有问题，但长期高负荷运转，不仅自己的身体吃不消，也会挫伤部属的积极性。让他们养成反正有军师把关的依赖思想，从而不会全身心地做好自己分内的事。反过来，因为他们没有做好自己分内的事，诸葛亮就得更操心，由此形成一个恶性循环。蜀汉后期，甚至出现了"蜀中无大将，廖化作先锋"的怪相，这与诸葛亮不懂、不愿大胆授权有很大关系。

只有懂得授权，才能腾出精力做最重要的事，才不至于让自己累死，这是诸葛亮因劳致死给我们的第一个教训。其实，对于管理者来说，授权的重要性远不止这一点。授权的最大好处是什么？是培养人。没有授权是无法真正培养人的，因为人只有在压力下承担责任，才会成长起来。给了职位确实会让人得到锻炼，但如果没有明确的责任与授权，人还是无法成长起来的。《资治通鉴》记载的另一个故事也可说明问题：

诸葛亮病重后，汉后主刘禅派遣尚书仆射李福前来问候，同时问一下国家大事。李福来到后，和诸葛亮谈完话后就回去了，没几天又返回来。诸葛亮一看，已明白怎么回事了。他对李福说："我知道你回来的意图，上次虽然谈了些话，但有些事还没交代。你要问的是蒋琬适合接替我吗。"

李福听了，暗自称奇，对诸葛亮诚挚地道歉说："不好意思，上次确实没有问，您百年之后，谁可以接替您担当重任。现在我们知道是蒋琬了。那么在蒋琬之后，您看谁又合适呢？"

诸葛亮说："那就费祎吧。"

"费祎之后呢？"李福接着问，诸葛亮没有再答。

这个故事很有意思。本来，选贤任能是后主刘禅的事，但这伙计天天吃喝玩乐，不愿费这个劲。更重要的是，有诸葛丞相把着关呢，根本不用操心。再说，以刘禅的本事，也操不了这个心。于是乎，一个全然放手，一个独掌事权人权，倒是配合得挺好。殊不知，谁也不可能长命百岁啊！诸葛亮还没死，刘禅就六神无主了，着急着问谁能够接班。

好在，诸葛亮早就替刘禅想到了这一点，如果没有事先想的话，估计也不会脱口而出是蒋琬、费祎了。问题就在于，想是想到了，为什么之前没有授权这两个人，让他们尽早接受历练，从而一展作为？非要等到自己快咽气了才说出来。即便蒋琬他们确实能干，但还没接受历练，冷不丁突然接手这么个大摊子，对国家，对他们自己而言都难免显得太仓促。

当然，实际工作中，很多管理者也经历了授权的痛苦。最常见的就是授权无法达成目标，甚至授权后出现失控。诸葛亮授权马谡独守街亭，结果导致惨败的事就是如此。因此，很多人选择要么不授权、要么只偶尔授权，理由是：因为部属不能承担、能力不够或者品行不够，所以不能充分授权。确实如此，如果部属成熟度不够，却又做了充分授权，这是不可取的。但因为这样就放弃了授权，实际是放弃了对人才的培养，得不偿失。问题的关键不在于部属是否成熟，而在于管理者们如何授权。

对于一个卓有成效的管理者来说，他的授权可以包括资源运用、工作方式方法选择等，但有一个权力绝对不能授，这就是设定目标的权力。授权的目的，在于实现管理目标，如果把设定目标的权力也授给部属，那么，部属就可根据自己的实际随意设定目标，管理的总目标反而变得无足轻重。实践中，很多管理者把人财物调配以及工作方式方法选择权等看得很重，把管理目标的设定权力看得很轻，这是不可取的。

  现代企业组织越来越复杂，要取得卓越管理绩效，管理者们在授权上需要做到：一是组织机构越大就越要授权。二是任务和决策越重要，越不能授权。三是任务越复杂越要授权。四是部属之间互不信任则不能授权。一个团队氛围不好，缺乏文化向心力，大家各想各的心思，彼此拆台，是绝不能授权的。五是部属的责任心不够，也不能授权。只要做到了这五点，授权管理就会更加卓有成效。

▎以检查狠抓执行

"执行力就是战斗力""执行力就是竞争力",这是管理者们所熟知的道理。为什么"执行力"如此重要?又怎样确保执行到位?我们可以通过《资治通鉴》的一个小故事来一窥端倪。

汉文帝晚期,与匈奴的关系日趋紧张。匈奴的6万骑兵,兵分两路,从大漠中部、陕西北部一线,向汉朝北部边境发动进攻。形势危急,汉文帝选派了6名将领分驻各军事要地,要求他们严阵以待,以确保首都长安安全。其中,周亚夫受命驻守在长安城西北部的细柳营。

命令下达不久,为确保万无一失,汉文帝决定到各个营地亲自检查一下战备情况。一连查了好几个军营,大家听说皇帝来劳军了,都大开营门,将军率领校尉以上官员高接远送。汉文帝和他的车驾都是长驱直入,直抵中军帐前。所有人都认为这是理所当然的,但很快就出现了一个意想不到的情况。

当汉文帝车队的先遣队抵达周亚夫军营时,只见将士们披坚执锐,一副大敌当前的样子。先遣队明令卫士打开营门迎接皇帝。哪知卫士们直截了当拒绝,说得很干脆:"将军令曰:'军中闻将军之令,不闻天子之诏。'"意思是说,军营中只听从将军的命令,没有天子诏书一说。在接到将军命令之前,其他任何人的命令都不管用。

双方各执己见,争吵间,汉文帝的车队到了,卫士照样不放行。没有办法,汉文帝只得派出一名使臣,带着自己的印信,向周亚夫通报说皇帝亲自来劳军了,现被挡在营门外,速接驾。

接到皇帝的印信和命令,周亚夫这才命卫士打开营门。这样应该没什么问题了吧?谁知卫士在放行之前,很严肃地告诫汉文帝的车队："将军约军中不得驰驱。"意思是将军规定，在军营内不得任意奔驰。贵为一国之君，对卫士的这种执着认真，汉文帝不仅丝毫没有生气，反而觉得这是一种尽职尽责的表现，是军队有战斗力的保证。于是放缓了车马脚步，徐徐前行。入营之后，只见周亚夫身披铠甲，全副武装，并没有因为皇帝的到来而跪拜，仅仅作了一个揖，说："介胄之士不拜，请以军礼见！"按照古代军礼，身着铠甲的将士是不需向人跪拜的，即便是皇帝来了也应如此。

从细柳军营出来，汉文帝感叹道："嗟乎，此真将军矣！曩者霸上、棘门军若儿戏耳，其将固可袭而虏也。至于亚夫，可得而犯邪！"意思是：这才是真正的将军啊！与之相比，之前走过的那几个营盘，简直是儿戏！一听说皇帝要来，就全跑过来瞎忙活，忘记了军人的基本职责，这样的军营很容易被敌人偷袭。反观周亚夫的军营，皇帝要进去尚且如此困难，怎么可能让敌人有机会钻空子呢？

通过这个故事，我们可以看到什么呢？

汉文帝注重执行，也尊重下属的执行。下达准备抵抗匈奴的命令后，他不是坐在皇宫里，一心只等将军们的捷报。而是不辞辛苦，挨个军营检查命令的落实情况，这与有些管理者就形成了鲜明的对比。

有的管理者做出决策之后，就仿佛自己的事办完了，对于这个决策具体落实得怎么样，根本不操心。殊不知，这就犯了管理的大忌。俗话说："信任不能代替监督。"对部属要充分信任，但对他们贯彻落实决策执行的情况，也要监督。否则，一方面缺乏检查，部属在执行上可能会出现懈怠、放松标准的情况，如果不能通过检查及时纠偏，可能影响任务的完成。另外，彼此信息不对称，对决策部署在贯彻执行中出现的新情况，管理者如果不检查执行，就了解不到真实情况，可能导致对形势的误判，最终使企业在面对日益激烈的市场竞争时，陷于被动局面。

比如，1955年《财富》杂志评选出的世界500强企业，今日尚存不足一半；全球华人家族企业的寿命为10.3年。据研究，导致这些企业难以做到基业长青的根本原因，就是没有重视执行。所以《财富》评论认为："只有10%的有效战略得到了有效执行""70%企业失败的原因不是因为缺乏好的战略，而是缺乏有效的执行"。汉文帝不辞辛苦，以劳军之名行检查之实，其原因不也是如此吗？

同样，我们也可通过卫兵的言行，看到作为一个有执行力的团队应该有的样子。哪怕是对于最高统治者皇帝，卫兵们都不作变通，依然恪守周亚夫所确定的军营规矩，坚决执行门禁纪律和营地通行纪律。可以想象，这样的军队，如果真打起仗来，即使面对再强大的敌人，只要周亚夫一声令下，他们肯定会毫不犹豫地执行。而这，恰恰就是一个团队之所以强大的重要基础。

那么，什么是执行力？执行力说白了就是高质量完成任务的能力。在一个成熟团队中，鲜有人说自己执行力不够，有的人可能会认为，自己尽心尽力工作，这不是执行力又是什么呢？事实果真如此吗？

我们不难看到，一些单位，尽管员工很努力，但是好的计划和决策却很难收到好的效果。有的单位整天忙来忙去，却往往事倍功半，以至于陷入"高层怨中层，中层怨员工，员工怨高层"的怪圈。一如汉文帝先去的几个军营的将士，皇帝去劳军，这是天大的事，他们肯定没有少忙活，但从最后结果看，汉文帝并不满意。出现这样的结果，能够说将士们没有努力吗？显然不是，之所以出现这样的问题，与对执行力的认识和理解不到位有很大关系。

那么，在现实生活中，执行力不够究竟有哪些表现呢？

一是管理者乐于做决定和布置任务，但在执行和落实环节上不能自始至终跟踪到位。提要求的时候多，抓落实的时候少，以致工作虎头蛇尾，劳而无功或劳而少功。

二是很多问题都没想明白就做决定。印发的制度不完善，下达的指令朝令夕改，让人无所适从，以致多劳无功、怨声载道。

三是员工自以为是，总认为上面的决策有问题，过度发挥自己的创造力。在执行中喜欢按自己的意思去改动，等到发现推不动了才回头，以致工作陷于被动。

四是员工能力水平跟不上，做起事来心有余而力不足，加上如果不虚心学习，使工作总难达到理想效果。

五是员工存在畏难意识，接到任务后，不是积极开动脑筋马上去干，而是先给领导出填空题。出了问题不是想办法解决，而是先找借口推卸自身责任。

六是不关注细节，本来做得很好的一项工作，因为一些小的环节考虑不周全，或者出现一点很小的低级错误，使工作的整体质量大打折扣。

这些问题，应该说在许多组织里，都会或多或少地存在，只不过程度不同罢了。为什么这么说呢？执行力是有三个层次的，即号令执行力、制度执行力和创新执行力。其中，前两者属于人治与法治，而创新执行力，则依赖于强大的执行力文化，要形成这样的一种文化，是非常不容易，也是很漫长的。

为什么非要强调执行力？按自己的意愿，好好干工作不就行了吗？干吗非得上级说什么就得干什么呢？

1.之所以要坚决执行上级的决策，根源之一是信息的不对称

管理者与部属之间，因为所处位置、承担的职责使命、信息来源、经历阅历等诸多因素的不同，对同一个事物的认识不同是很正常的。人们常说："不在其位不谋其政。"不在其位，信息不对称，是谋不好其政的。如果部属仅从自己的理解出发，不执行或不认真执行上级的决策，就难免有失误。

有个小故事：说是耶稣带门徒彼得远行，途中发现一块破损的马蹄铁，耶稣让彼得捡起来，彼得认为一块破铁有什么用，更何况还得弯腰，于是假装没听见。耶稣自己弯腰捡起了马蹄铁，用它到铁匠那里换了3文钱，并用这些钱买了十几颗樱桃。出了城，两人继续前进，一路上是茫茫原野，彼得渴得厉害，耶稣就把藏在袖子里的樱桃悄悄掉出一颗。彼得见了，赶紧弯腰捡起来吃掉。耶稣边走边丢，这样彼得也就很狼狈地弯腰捡了十七八次。这时候，耶稣笑着说："你要是按我说的做的话，何至于要弯十几次腰呢？"

耶稣之所以要捡起那块铁，是因为他看得远，知道前面可能有原野荒漠，所以买了十几颗樱桃。如果彼得也知道前面有原野荒漠的话，相信他也会毫不犹豫地捡起那块铁。

只可惜，因为耶稣不会也没有必要告诉彼得这么多（很多情况下可能也不便于说），这就导致信息的不对称，再加上彼得没有意识到这一点，也就没有执行耶稣说的指示，所以多吃了一些苦。但如果彼得放聪明一点，自觉按照耶稣说的去做，又何至如此呢？

2.坚决执行上级的决策也是维护一个组织权威和正常运转的必然要求

什么叫组织？《现代汉语词典》认为：组织就是按照一定的宗旨和系统建立起来的集体。这样一个集体，为了实现既定目标，必须要有绝对的权威和正常的运转秩序。作为组织的一员，如果对组织的决定和要求，合意的就执行，不合意的就不执行，或者自己想干什么就干什么，组织的权威荡然无存，正常的运转秩序也必会打破，最终导致组织目标无法实现。

试想一下，如果今天卫士们因为来的是皇帝，就对周亚夫下的命令不执行，那么明天，又碰到什么新的情况，卫士们就又有新的理由不执行他的命令，这样下去，必然导致部属对什么该执行什么不该执行的困惑，从而直接导致组织权威的丧失。正如阿里巴巴的马云讲："三流的点子加上一流的执行力，永远比一流的点子加上三流的执行力更好。"杰克·韦尔奇也说："即使决定是错的，那我们也可以通过执行来把事情做对，而不是再回头讨论。"

为了维护组织的权威和正常的运转，制度就必须坚决执行。那么，对那些不愿意坚决执行的人怎么办呢？管理学大师詹姆斯·柯林斯的一句话说得好：我们要将合适的人请上车，不合适的人请下车。我想，这也是每一个管理者和部属都不愿见到的结果。

3.坚决执行上级的决策也是提升个人工作价值的最有效途径

管理学上有一个常识：关注执行就是关注个人的成功。因为坚决执行，反映出的不仅仅是能力水平，更重要的是对组织使命、目标的忠诚。而这，往往又是一个组织更为看重的。

那么，该如何提升执行力呢？这是一个很大的话题，具体到每一个单位、团队，因为所处发展阶段、外部环境及组织成员秉性不同，其建设的重点也会有所差异，但总体上不外乎以下几点：

第一，正确处理好坚决执行和发挥个人自由意志的关系

坚决执行与发挥个人自由意志实际上是有机统一的。离开了坚决执行，个人意志发挥得越充分，可能对组织目标的伤害就越大。如果没有个人自由意志的发挥，一些需要攻坚克难的任务又难以执行到位。但在现实生活中，要准确控制个人自由意志发挥的程度确实是一个比较棘手的问题。

有这么一个故事，说的是在一栋乡村别墅里，朝着一片美丽田园景色的墙上，装了三面不同的镜子。第一面镜子表面凸凹不平，且有污点，看起来很脏；第二面镜子，清洁精致并装饰有精美雕刻的镜框；第三面镜子，既没有镜框也没有装饰，只是一面洁净清楚的镜子。

有一天，别墅的主人陪同客人参观，走到第一面镜子面前时，主人问到："你们看到了什么？"

"一面不干净的镜子。"大家回答道。

"第二面镜子呢？"

回答是"看到了一面精美的镜子。"

"第三面镜子呢？"

回答是："看到的是一片美丽的景色。"

这个故事，实际上道出了执行的真谛。镜子里的风景好比我们要关注的任务，我们应该从镜子中看到美丽的景色，而不是镜子本身。然而，在现实工作生活中，很少有人完全做到像第三面镜子这样，丝毫不考虑自己，而是全心全意考虑任务本身。这就是人的本性所导致的在执行中始终绕不过的坎：以自我为中心，要突出我自己。即便要照一照美丽的风景，也要说明这是我照出的，而不是别人照出的。这就引来了一个问题，组织的任务要求必须执行，而人性又使我们避免不了发挥个人自由意志的冲动。怎么办？可能的解决方案是：在坚决执行的前提下，围绕提高执行的效果来发挥个人自由意志。

第二,把握好做事的轻重缓急

在工作中,谁都知道要抓住工作重点的重要性。可问题在于,一是不知道重点在哪里;二是知道了重点在哪里,每天被一些无关紧要的事情所困扰,久而久之,没有精力和足够的时间来投入重点,最后使重点也变成了非重点。

在日常工作中,一般人的思维习惯是"先做紧急的事,再做不紧急的事",他们据此把每天要做的事分为三个层次:一是今天必须要做的事;二是今天应该做的事;三是今天可以做的事。但是一些真正重要的事却完全忽略了。

管理学上有个四象限理论,即任何工作都可以按照重要、不重要的横向坐标,紧急、不紧急的纵向坐标分为四个象限。管理大师彼得·德鲁克通过大量研究发现,那些在工作中执行效率低下的员工,总是把90%的精力花在了看起来总是无穷无尽的第一象限,埋头处理那些紧急但不重要的事情,而这与高效能人士的行为完全相反。所以,我们应该牢记的一个执行力精髓就是:先做要事,而不是做急事。

第三,强化任务的检查反馈

在影响组织执行力的因素中,检查与反馈无疑是两个非常重要的环节。对管理者来说,无论你的计划决策多么正确严密,如果没有检查,掌握不了执行中的具体情况,不能及时发现和处理问题,有可能导致订好的计划和决策难于落地。所以IBM前总裁郭士纳讲:"你强调什么,你就检查什么,你不检查就等于不重视。"

作为曾经引领移动通信潮流的摩托罗拉公司,为什么自2000年以后市场占有率、股票市值和获利能力连年下跌?一个重要原因,就是他的CEO——摩托罗拉创始人的孙子高尔文从来只重视计划,很少采取措施了解公司的经营情况和员工的执行情况。

21世纪初期,高尔文就布置开展了新项目——"鲨鱼"手机生产前的欧洲市场调查。但下达命令后,没有采取任何检查措施,部属们对如何开展调查、调查的对象等一无所知。更为可怕的是，当销售主管告诉他结果可行，他就不假思索地决定开始大规模生产。但接下来的事实却表明这是个重大错误：随着文化理念变革，欧洲人喜欢上了更轻巧、灵便的手机，这个如砖头一样笨重的"鲨鱼"手机，早已不在他们考虑之列。公司由此遭受的损失也就可想而知了。

与检查相对的，是部属的反馈。任务下达后，有的部属想的是，我只要认认真真地做就行了，对任务的进展情况、是否存在什么问题或困难、需要改进的意见建议等，秉承"你不问我就不说"的态度，使管理者难以及时掌握各种信息，更有甚者，等到事情办不下去了才告诉管理者实情，以至错失了很多良机。所以，向直接下达任务的管理者经常性反馈执行情况是很必要的，一个任务如果等到管理者三次主动问你进展情况如何时，你工作的成效基本上已打折近半了。

第四，注重每一个细节

"千里之堤，溃于蚁穴"。本来局面很好的工作，因为一个小的地方没有考虑到，小的环节没有做到而使工作价值大打折扣，甚至前功尽弃的事，往往屡见不鲜。西方有一首流传很广的民谣，把细节的重要性说得淋漓尽致：

丢失了一个钉子，坏了一只蹄铁；

坏了一只蹄铁，折了一匹战马；

折了一匹战马，伤了一位骑士；

伤了一位骑士，输了一场战斗；

输了一场战斗，亡了一个帝国。

细节做得不到位，表面上看是因为没有意识到或者疏忽大意，但实质却是源于责任心不强。执行中，需要关注的细节当然很多，但最为紧要的，无非是从"不少问一句话，不忘回一件事，不写错一个字，不看轻一个人"开始做起。汪中求先生在《细节决定成败》一书中所说："芸芸众生能做大事的实在太少，多数人的多数情况总还只能做一些具体的事、琐碎的事、单调的事，也许过于平淡，也许鸡毛蒜皮，但这就是工作，是生活，是成就大事不可缺少的基础。"因此，我们需要改变的是心浮气躁、浅尝辄止的毛病，把一个个小事做细做实。

第五，坚持围绕任务来学习

"有心杀贼，无力回天。"在执行过程中，面对种种突如其来的困难与挑战，我们是不是常会有这样的感叹？怎样让自己心有余力地去迎接这些困难与挑战，唯有通过学习不断提升自身的水平。在组织中，决策层、管理层和执行层因为承担职责的不同，学习的重点也应有所不同。

作为决策层而言，主要学习的应是战略策划和选人用人相关知识，懂得在正确的时机用正确的人做正确的事；作为落实决策的管理层，既要学习业务知识，知道自己该怎么干，也要学习如何落实上级决策部署、带领团队开心高效地开展工作的本领，知道自己该怎么带领大家一起干；作为做决策部署的具体执行层，则是要围绕任务深入钻研业务知识，力争成为本行本业的专业领军人才。只有这样，才能打造出一支任何时候都能够拉得出、打得响的坚强团队。

三个层次的学习重点虽然有所不同，但从总体上讲，都需要围绕组织的重点任务来展开。现在看来，有的企业，成天这个培训，那个讲座，为什么学习培训结束后难有明显效果？一个很重要的原因，要么是培训内容设置与组织的重点任务相关度不高，要么是学员们虽然听了学了，但没有结合承担的任务进行深入研究思考。解决这一问题，可能的有效方法是：坚持围绕任务来学习，在干中学，在学中干。正如《把信送给加西亚》一书中的罗文那样，始终保持着强烈的责任心和敬业精神，通过学习和探索，竭尽全力地去完成组织交给的任务。只有这样，才能加速实现个人能力素质的全面提升，奠定确保基业长青的执行力建设基础。

第三部分 安人之法

管人靠科学，安人靠哲学。管理者先把自己修炼好了，再去安定部属，使他们身安心安，从而安居乐业，这才是管理的王道。孔子说："君子不忧不惧。"管理者要安顿好他人，就应该努力使部属处于无忧无惧的状态，才能使人的生理、安全、归属感及爱、尊敬和自我实现等各个层次的需求真正得到满足。

第七课
如何校正偏差——慎于重奖重罚

没有人自甘平庸，都渴望自己能够建功立业，尽善尽美地做好每一件事，期望得到别人的欣赏与赞美。即使有人口中说自己习惯独立和自由，不愿为了别人的看法而活着，但可以肯定的是，我们每一个人都希望通过他人的认可来证明自己存在的价值。

在实现组织目标的过程中，受思想认识和能力水平限制，难以确保每名部属都能够完全无偏差地确保执行到位。管理者如何容忍他们的失误，准确及时肯定他们的付出，是使他们能够心安的关键。奖罚当然是极为有效的手段，但毕竟只是一种手段。金钱对部属来说很重要，但更重要的是对部属个人价值的认同。这种认同，要求管理者们必须把握激励的核心要义，在用奖惩对员工的进行评价时，坚持诚信为要的原则，慎奖慎罚，宽严相济。让每一名部属明白，奖罚并不是管理者们个人好恶的展现，而是保证部属个人价值实现的一个平台。

信者人之宝

有人说，当今中国面临的最大问题之一，就是诚信的缺乏。因为诚信的缺乏，我们付出了高昂的管理成本，同时也失去了很多合作共赢、实干快进的机会。对管理者来说，诚然，我们很难左右外面的世界，但对于我们所管理和服务的团队，在部属理解和执行组织意图存在重大偏差时，我们是否可以做到以诚信立命，以最小的管理成本，使大家众志成城呢？

《资治通鉴》里有这么一个故事：

战国时期，得到秦孝公高度信任的商鞅，开始在秦国变法。无论在哪朝哪代，变法都意味着改变，要改变过去大家熟悉的东西，要改变特定阶层既得的利益，其阻力可想而知。

为推动变法，商鞅在法令已经制定完毕但尚未公布之前，做了这么一件事情：他让人在国都的集市南门立了一根长三丈的木杆，下令说，如有人能把它拿到北门就赏给十金。要知道，这十金在当时可不是个小数目，相当于一户中等人家一年的收入。虽然赏金不少，但老百姓都觉得这个事很奇怪，在那议论纷纷，就是没有人敢去试一试。看到这种情况，商鞅又下令，加大筹码，能拿过去的赏五十金。重赏之下必有勇夫，果然，有一个不怕死的人半信半疑地把木杆拿到了北门，立刻获得了五十金的奖金。办完这件事后，商鞅才下令在全国开始变法。

新法终于实行了，前来控诉新法不好的人数以千计。商鞅听后毫不手软，把他们全部赶到渭河边杀掉。这时太子也触犯了法律，商鞅说，新法之所以不能够顺利推行，就在于上层人士带头违反法律，因此必须要惩罚。但太子是国家继承人，总不能把他也杀掉吧？于是稍微变通一下，处罚他的两个老师，公子虔和公孙贾，以惩戒他们教导太子守法不力。老百姓听说了这件事后，看到了秦王变法的决心，再不敢掉以轻心，都小心谨慎地开始遵守新法。

新法实施十年后，整个秦国路不拾遗，夜不闭户，百姓勇于为国作战，不敢再行私斗，乡镇都得到了很好治理。这时候，又有人来说新法好。商鞅说，这些也是乱法的刁民，下令把他们赶到边疆居住。此后，老百姓再也不敢议论新法的是非了。

商鞅作为法家代表人物，以严刑峻法达治理目的，是他最擅长的手段，手段可能过于残酷。但就其本质来说，无非就是在确立"信"的绝对权威。通过这个故事，我们可以得到什么样的启示呢？

第一，说到必须做到

所谓说到做到，实际上就是信守大家共同的约定，绝不食言。这句话说起来简单，实际上要真正做到并不容易。否则，社会上就不会有那么多失信的人了，这也是国家为什么要实行失信联合惩戒机制的原因。

说到就要做到，其本质就是诚实守信。有人如约将木杆拿到北门，商鞅马上兑现承诺，这就表明：一名优秀的管理者，他的诚信是不分对象，他的责任心是不分大小的。贵为丞相，虽有千种理由和权力不兑现约定，但商鞅没有这样做，而是以一颗平常而真诚的心，履行了自己的承诺。通过这种说到就要做到的举动，展现了作为一名优秀管理者应有的人格魅力。

在日常的工作和生活中，我们对那些地位比较高、身份比较显赫、辈分比较长，特别是那些能够左右或者影响自己发展机会的人，如果预先与他们约定好什么事情，一定会非常认真地对待，生怕办不好而让对方不高兴，哪里敢说到不做到。但是，对那些地位比自己低、资历浅，或者认为对自己没什么帮助的人，往往不会用同样认真的态度去对待。这样的势利心态，在实际生活中应该不少。这种情况下，能做到诚信待人则更为不易，也更能体现出一个人的修养和品质。

至于说到就要做到产生的效果，那是很明显的。商鞅的徙木立信，确立了新法的绝对权威，于是"秦国道不拾遗，山无盗贼，民勇于公战，怯于私斗，乡邑大治。"秦国由此迅速走向强大。老百姓从此深信在徙木即赏金这样的小事上都能做到说一不二，那么商鞅在治理国家、严刑峻法上，也必然会说到做到，绝不食言，因此，一定要认真遵守商鞅所订立的法令，千万不能有侥幸心理。作为一名管理者，就应该像商鞅这样，言出必行，事无巨细，对人诚信，对事负责。

第二，必须让失信者付出代价

记得有一句名言，叫作"天下没有免费的午餐"。我们提倡言而有信，必须同时让那些言而无信的人明白，失信是会受到损失的惩罚。否则，就是对所有守信者的一种伤害。

美国政治学家威尔逊和犯罪学家凯林有个"破窗理论"：一幢大楼外面的窗户，其中一扇被人打破后，如果没有及时修理，或者肇事者没有得到应有惩戒，那么很快，这幢楼的所有窗户将被破坏殆尽。这个理论告诉我们，对于那些失信者，如果没有及时处罚，将会显著增加诚信的成本。

历史上很多人提起商鞅，一般的印象就是"刻薄寡恩"，举的例证一是处罚太子的老师，二是对议论新法好坏的老百姓一律严惩。暂且不说这样做是否合适，但如果不这样做的话，新法还能得到有效执行吗？

仔细分析起来，不管是对贵为未来国君的太子，还是对普通的百姓，商鞅在对其严惩不贷的背后，是想传递这样一个信息：新法是需要大家共同信守的约定，每个人要做的就是严格遵守，坚决执行，不需要你们评头论足。无论是谁，法律面前一律平等，违反了，就要付出代价。

说到严肃惩戒失信者，对一般员工或者平民老百姓，做起来相对容易些，但对那些拥有一定权力，甚至代表公权的失信者，要做到一视同仁的惩戒，是很需要勇气和智慧的。商鞅的可贵之处在于：对于犯了法的太子，仍能坚持违法必究。当然，想必他也明白，今天得罪了太子，哪天太子一旦即位，自己肯定是吃不了兜着走。果不其然，太子即位后，马上让人告发商鞅的谋反之罪，一个为秦国富强立下汗马功劳的名臣，最后竟遭车裂之刑，不能不说是很悲哀的。但当时，一心想通过变法实现秦国富强的商鞅，根本没有顾虑到这些，毅然对太子老师实行了惩戒，释放了不管是谁、只要失信就必须付出代价的信息，从而为新法的顺利实施奠定了坚实基础。从这一点说，商鞅的勇气真值得管理者们好好地学习。

第三，要认清坚守诚信的核心要义

诚信在本质上就是一种契约精神，是大家为了达到共同目的必须共同遵守的规则。换句话说，诚信是手段而不是目的，由此推而广之，无论是对守信行为的奖赏，还是对失信行为的惩戒，本质上都是一种手段，这应该是诚信的核心要义。

美国纽约大学宗教历史系教授詹姆斯·卡斯认为，世界上至少存在两种游戏，一种是有限游戏，即以获胜为目的的游戏，另一种是无限游戏，即以延续游戏为目的的游戏。对一个团队而言，要在规定的时间内完成一项任务，并且必须取得胜利，这就是有限游戏。

既然玩游戏，必须有游戏规则，诚信就是完成任务所必须遵守的规则。即便很枯燥很死板，为了完成任务也必须遵守。对不遵守的，当然必须惩罚，但惩罚本身不是目的，其本质是在于让大家树立起遵守规则的意识。试想，如果商鞅坚持要求惩罚太子，姑且不说太子是否会受罚，可能就有人直接质疑商鞅的居心。这样，新法还能不能继续执行下去还不好说。但是，既然是已定的规则，不管是谁，违反了都得追究，太子不能受罚，那就让他的老师受罚，这样就传递了一个明显的信息，那就是玩这个使国家富强的游戏，大家都得遵守规则。

诚然，在有限游戏中，因为种种规则限制，大家都会有痛苦，一如刚开始实行新法时老百姓感到诸多不便一样。但假以时日，遵守规则成为一种内在的自觉，甚至在遵守规则中感受到满足、强大、自由、美好，那么我们就从有限游戏进入了无限游戏的阶段。这是成就一个卓越团队所必须经历的阶段，也应该是一名优秀管理者努力想要达到的目标。

第四，只有正道的诚信才值得坚守

道理很简单，大家约定共同做一件事，但这件事如果是违法犯罪，是违背人类最基本的伦理、道义的，那就不需要去遵守已有约定，因为你可能因为守了这个团体的小信，却失去了作为一个人对社会、对国家的大信。

同样说到商鞅，先前在魏国时，曾担任国相公叔座的门臣。公叔座对商鞅非常信任，引为知己。在病重期间，公叔座对前来看望他的魏惠王说，商鞅是个人才，请国君任他为相，如果不用他就杀了他。按理说，以公叔座与商鞅的感情，怎么着也不应该在背后劝魏惠王去杀老朋友。但公叔座认为，使魏国富强安全才是正道，以商鞅的才华，一旦为他国所用，必然会对魏国构成威胁。与这个正道相比，自己与商鞅的私谊不算什么，也不必守什么君子之道。不过，好在魏惠王认为这老头子大概病糊涂了，没有听从他的建议。公叔座也不愧为君子，魏惠王走后，立马把跟魏惠王说的话告诉了商鞅，并且劝他赶快逃走。商鞅哈哈一笑说，国君既然不听你的话来用我，怎么又可能听你的话来杀我呢？

从这个故事中，我们可以看到，只有符合正义正道的诚信才值得坚守。实际工作生活中，我们周边可能会有些人，给你许一些承诺："闯个红灯没什么，我保你没事"；"踩点线没什么，有我罩着你"等等，这种基于犯法的诚信是不值得去坚守的。

司马光在议论商鞅立信以变法时说："夫信者，人君之大宝也。国保于民，民保于信；非信无以使民，非民无以守国。"意思是说，信誉，是君主至高无上的法宝，国家靠人民来保卫，人民靠信誉来保护，不讲信誉无法使人民服从，没有人民便无法维持国家。对于管理者而言，不讲诚信信誉，不分对错地讲诚信信誉，都会使我们的事业受损。反之，则可使我们的事业无往而不胜，这是从商鞅变法故事中我们应该汲取的智慧。

甚爱也应有余地

"甚爱必大废，多藏必厚亡"，这是老子《道德经》里的一句话。意思是说，过分的爱一定会需要巨大的付出，过分的拥有一定会导致沉重的损失。对这句话的意思，很多人感到不太好理解。确实，无论是管理者对所欣赏的部下，还是父母对子女，总感觉怎么爱都不够，哪会在乎什么付出？殊不知，爱起来不讲代价、不讲原则，甚至不顾对方的感受。其结果，要么自己受伤，要么使所爱的人受伤，事与愿违，留下说不尽的遗憾。

《资治通鉴》里有这么一个故事：

汉文帝时，有一个深受宠幸的妃嫔叫慎夫人。在宫中时，汉文帝常常让她与皇后同席而坐。有一天，汉文帝一行外出到郎官府办事。在安排座位时，中郎将袁盎把慎夫人安排到了下位，慎夫人非常恼怒，不肯入座。看到心爱的人受委屈，汉文帝很不高兴，一怒之下起身回到了宫中。袁盎随即也追到宫中，趁左右没人时对汉文帝说："我听说尊卑次序严明，就能上下和睦。陛下您已经册立了皇后，慎夫人只是妾。妾怎么能与主人同席而坐呢？陛下如果真的爱慎夫人，可赐给她丰厚的赏赐。而您现在的做法，只会给慎夫人带来祸害。陛下难道不见'人彘'的悲剧吗？"

汉文帝听了，转怒为喜。叫来慎夫人，把袁盎的话告诉了她。慎夫人也非常感动，特地赏赐袁盎50金。袁盎这里所讲的"人彘"悲剧，其实就是引用了另一个爱得没有节制的悲惨故事。故事的主人公是汉高祖刘邦和他非常宠爱的戚夫人。

刘邦取得天下后，封了结发妻子吕雉为皇后（吕后）。当了皇帝，刘邦的风流本性也冒出来了，喜欢上了美女戚夫人。二人白天黑夜都黏在一起，这种情形惹得吕后妒火中烧。更要命的是，戚夫人生了个儿子叫刘如意，赵邦甚是喜欢，不仅封他做了赵王，还萌生了废掉与吕后所生儿子的太子地位，立刘如意为太子的想法。后虽经吕后和大臣们不懈努力没有成功，但这祸根在吕后心里可是埋下了。所以刘邦一死，吕后立马命人杀掉了赵王刘如意，并且把他的母亲戚夫人砍去手脚，熏聋耳朵，放在猪圈里，号称"人彘"。

吕后的残暴自是不消说了，为什么会出现这样的惨剧？有一个不能忽视的重要原因，就是刘邦对戚夫人的爱超越了限度。他无限制地给予，甚至不讲规则、不顾一切地爱，殊不知，这就构成了戚夫人悲剧的根源。袁盎看到了这一点，及时给汉文帝指出了，汉文帝和慎夫人也领悟到了这之间的关联，所以能够有效避免祸患。

无节制的爱护并不只存于爱人之间，在团队组织中，对一些比较能干、与管理者意气相投的部属，管理者也很爱惜、爱护和欣赏他们，这是人之常理，并无甚大问题。但通过上面的这个故事，我们需要警觉什么呢？

一是不管怎样地爱或者说喜欢对方，前提是一定要符合礼仪道法

在组织中，领导者对喜欢的部属关心和关照很正常。但是，管理者要牢记的是，千万不要以为自己有点权力、有点能力、有点势力，就可以不讲规则、不循常理地去表达自己对下属的爱。甚至把"爱和关心"当成是破除一切规则和现行秩序的借口。领导者对下属淋漓尽致地表达爱护，下属可能一时得意，但总有一天会付出代价。领导者的权势不可能永存，一旦失去了，后人算起老账来，损害的不仅仅是领导者自己，也会连带那些让你无限付出、又是你最不想伤害的人。

二是要时刻留有余地

不管怎样爱护和珍惜下属，领导者都要给对方一点自我发展的空间，同时也给自己一点退路。世界这么大，人生路漫漫，哪能为所爱护的人把一切都考虑好呢？再说，对一部分人不加节制、不留余地的爱护和关怀，在带给自己压力的同时，也会带给对方相当大的压力。下属周边的人，即使表面不说，心里也会牢骚满腹，心想不管我们怎样努力，你总是只对他好，那么走着瞧吧。戚夫人的悲剧不就源于此吗？

三是要以人爱人而莫以己爱人

就是要站在所爱之人的角度，看看他最关心的切身利益是什么，然后去选择表达爱的方式方法。而不是站在自己的立场，立足于我想让他得到什么，去选择表达爱的方式方法。

在美国有一个流传甚广的故事：美国船王哈利曾对儿子说："当你23岁的时候，我就把公司的财务大权交给你。"哪知到儿子23岁生日这天，老哈利却直接把儿子带到了赌场，给了他2000美元，反复告诫他任何时候都不能把钱输光。

小哈利连连答应，但几个回合下来，小有赢利的他早把父亲的话忘了个精光，为了扩大战果，频频出击，结果输了个精光。

老哈利没有批评儿子，只是告诉他如再进赌场，必须自己挣本钱。小哈利在23岁生日一个月后，挣了700美元，他给自己定了一个规则，无论如何只能输掉其中一半。

哪知，他还是忘记了自己所订的规则，在输掉一半钱时，两脚却纹丝不动，把所有钱压上去，结果再次输了个精光。在一旁看着的老哈利一言未发，心情极差的小哈利开始抱怨自己是个人生输家，从此再也不进赌场了。听完儿子的抱怨，老哈利不以为然，坚持要他再进赌场。

小哈利只有再次打工，当他第三次进赌场时，虽然仍输掉了一半，但令他高兴的是，自己这时候毅然走出了赌场，他战胜了自己。老哈利很高兴地对儿子说："你认为走进了赌场，是为了赢谁？你先要赢你自己，控制住了你自己，你才能做真正的赢家。"

后来，小哈利又去过几次赌场，在大赢之时，也曾为是走是留摇摆不定。但在一年后，老哈利再见到儿子进赌场时，小哈利俨然已成内行，不管是输10%，还是赢10%，他都会坚决离场，即便是在最顺的时候，也绝不恋战。

老哈利激动不已，立即决定将上百亿公司财务大权交给小哈利，小哈利很吃惊，表示还不懂公司业务。老哈利说："业务不过是小事，多少人失败，并不是不懂业务，而是因为控制不了自己的心情和欲望。"

没人能够否认，老哈利深爱自己的儿子。作为公司创始人和绝对控制者，老哈利完全可以不加任何考虑直接将财务大权交给儿子，但他为什么没有这样做呢？

老哈利深知，真正爱儿子，并不是简单地把公司的管理权交给他，而是要把管理公司的能力教给他。管理好自己，是一切管理能力的基础。老哈利从把小哈利带进赌场那一刻起，无论是告诫他要坚守底线，让他靠自己打工挣钱再赌，还是鼓励小哈利不要放弃再进赌场，其本质上就是一切从小哈利成长的内在需要出发，以适当的方式表达父爱。

汉文帝和慎夫人重赏袁盎、老哈利培养小哈利的故事启示我们，一个真正懂得爱的人，一定会从对方而不是自己的需要出发，恰如其分地表达自己的爱。

惩罚须慎用

司马光在《资治通鉴》里，总结了历任君主的三大法宝：任官、信赏和必罚。赏罚分明从来都是管理一个团队的重要手段。然而，受各种因素影响，那种错把手段当目的，为惩罚而惩罚，从而导致事与愿违的例子却比比皆是，留下了无尽遗憾。

公元前206年，收复了六国旧地的项羽，带领大军向秦地出发。在这浩浩荡荡的大军里，有秦国刚投降的二十万大军。只因小道消息说军心不稳，项羽便命令黥布、浦将军将他们全部坑杀，独留下秦军将领章邯、司马欣、董翳等人与之入关。项羽这一招，也许可能有粮草不够用、秦军意欲叛变等原因，但从主观上讲，项羽想借大规模杀戮以立威，彻底消除秦人的反抗之心是毋庸置疑的。只可惜，项羽没有看到秦人是杀不光的。这样大肆杀戮的后果，就是让秦人铁了心地跟着刘邦走，这恐怕是项羽没有想到也不愿看到的。正因为苛峻惩罚，项羽失掉了民心这一最重要的战略资源，最终饮下兵败自刎的苦酒。

司马光在《资治通鉴》里评价项羽时说："……谓霸王之业，欲以力征经营天下。五年，卒亡其国，身死东城。尚不觉悟而不自责，乃引'天亡我，非用兵之罪也'，岂不谬哉？"说项羽这个人，认为光凭武力就可以征服天下，殊不知，不到五年时间，自己就国亡身灭。还从不反省自责，说什么这是天要灭亡我，不是我不会用兵打仗的原因，这岂不是很错误的吗？

项羽可能没有想明白，在乱世之时，赢得胜利两个不可或缺的东西，一个是实力，一个是民心。所有管理者为了达到组织目标所采用的手段包括惩罚在内，应该是在削弱对方实力和民心的同时，增强自己的力量。但项羽意气用事，简单地采用杀戮作为惩罚，不仅导致了本来可以为己所用的一部分军队实力烟消云散，更因为这不仁之举，导致了其民心皆失。可惜自始至终，项羽没有丝毫的反省与悔意，反引天意如此来为自己的失败开脱，确实令人可笑。一个连惩罚根本目的都没有搞清楚的人，又怎么可能取得成功呢？

就我个人看来，惩罚本身不是目的，任何不能令人改过归正的惩罚都是毫无意义的。

《资治通鉴》第一百五十一卷记载了这么一个故事：

北魏时东清河郡有个叫房景伯的人，因父亲去世早，家境十分贫寒。但房景伯知书达理，非常勤奋，以孝顺闻名远近。后来，当上了齐州长史，成了齐州地区最高长官的重要助手。

在治理齐州期间，下属的贝丘县有一位老妇状告自己的儿子不孝。房景伯的老母亲是个非常厚道的人。她对儿子说，乡下人不太懂礼义，不要过于苛责，让他们母子俩来我们家体验体验就知道了。于是，房景伯就让人把这母子俩接到自己家里来。每到用餐的时候，让两位老母亲共食，房景伯在一旁侍候，贝丘县的那个不孝子则在旁看着。

在这十多天的时间里，这个不孝子就天天看着长史大人怎样侍候两位老母亲吃饭。最终实在熬不过了，便开始向房老太太和房景伯悔过，表示要把母亲领回去好好照顾。房老太太却不肯放行，对房景伯说，这孩子现在还只是嘴上说说，心里未必这么想，想回去估计是待腻了。就这样，那不孝子只得在房景伯家又住了十多天。终于有一天，他对着房老太太和房景伯叩头请求，痛责自己，发誓已经懂得如何照顾母亲了。房景伯看到这个儿子确实认识到了自己的过错，才让他们回家了。后来，这个儿子果真能按照房景伯的样子，尽心照顾自己的母亲，成了远近闻名的孝子。

按照一般人的做法，惩罚这种不孝子，房景伯可以按刑律进行严厉处罚。最简单的方式也可以命令这个儿子必须孝敬自己的母亲。这在官本位的古时，绝对是经常采用的方法。但房景伯却没有这样做。为什么呢？因为不管是坐牢、打鞭子等严苛的惩罚，还是严肃的命令，都可以让这个儿子不敢不孝敬自己的母亲,但问题是,这样的惩罚之后,这个母亲要么会失去儿子的照顾,要么即使有了儿子的孝顺,也是带着压力和被迫的孝顺,长此以往只会加剧两人之间的对立。所以,高明的房老太太和房景伯才采取教化示范的方式,让不孝儿子学习规矩、笃行规矩,我想,这才是惩罚的根本目的所在。

《资治通鉴》还记载了一个故事,也很有意思。

唐玄宗时,蒲州刺史陆象先为政崇尚宽厚简约,属下官吏、百姓有罪,多当面用好言相劝,然后让他们离开。蒲州录事对陆象先说:"明公不用刑杖,怎么能显示威风呢?"陆象先回答说:"人心都是相通的,难道这些人不理解我的话吗?如果一定要用我的刑杖来显示威风,那就应该从你开始!"录事非常惭愧,赶忙退出。陆象先一直反对为惩罚而惩罚,他曾经说过:"天下本无事,庸人自扰之。为政若能正本清源,何忧天下不治!"

一个团队或组织,没有规矩是不行的,违反规矩以后不惩罚也是不行的,否则,团队或组织必将是一盘散沙。所谓惩罚,并非越严越好,也并非越松越好,关键是实事求是地根据问题的性质和程度,找到一种最低成本的、最有效的维护规矩的方法。

管理学大师库泽斯和波斯纳在讲到领导力时,有一个观点,那就是他们认为领导是一种关系。"领导是那些渴望领导的人和那些选择追随的人之间的一种关系。当我们从事伟业时,关系的质量是至关重要的。如果领导者和追随者之间的关系充满恐惧和不信任,那么任何有持久价值的事物都不会被创造出来。如果关系中充满相互尊重和信任,再大的困难都能够被克服,并留下意义深远的遗产。"以此为基础,他们进而提出了领导者必须具备的四种品质:诚实正直、眼光长远、充满激情、能力高强,但不可否认的是,他们的基石都是部属的信任。

那么,怎样才能做到有效的惩罚呢?

第一,事先约法三章。即向部属讲明处罚规则,把"丑话"说在前面,让大家知道各种相关制度、规章以及违反的后果。

项羽坑杀二十万秦军的行为,之所以会导致天下人的怨恨,除了手段过于残忍之外,还在于他对已投降的秦军在实施惩罚之前,并没有宣告规矩，这样做的结果，让天下人知道其反复无常，怎么还值得去追随？

第二，对违规行为及时提醒警诫。提醒警诫的目的在于能够阻止或中止违规行为。管理者在实施惩罚时，对出现的苗头性违规问题，可采取口头批评、警告等方式提醒警诫，防止把小问题拖成大问题，小错误酿成大错误。

第三，慎重处理违规者。即务必坚持实事求是原则，对具体问题具体分析，让每一个惩罚都力争取得最好的综合效果。房景伯母子对不孝子的处理，就是很好的典型。通过亲身示范的方式，让不孝子在接受惩罚的同时，从内心深处懂得了如何为孝的道理，从而达到了惩罚的最终目的。

第四，作出处理决定要迅速。对部属出现的违规问题，绝不能因为个人好恶而加重或减轻惩罚，也不能因怕引发矛盾而回避或拖延惩罚，否则，会因部属无所适从导致违规行为重复发生。陆象先对录事的呵斥，就是一种及时的处罚。他清楚及时地表明了自己对刑杖的态度，从而有效制止了"庸人自扰"的现象，阻止了部属的无意识的违规行为。

第五，注重维护自己的信用。惩罚权本质是一种强制权。在行使惩罚权时，管理者必须要做到令行禁止，不应出尔反尔，同时也要认清自己权力的边界，不要试图强制那些在自己权限以外的人的行为。否则，管理者强制权的信用及影响力就会减弱甚至丧失。

第六，在实施惩罚时保持谦和态度。惩罚权虽然是强制权，但它是组织的强制权，是为了实施组织目标而配置的权力，绝不是为实现管理者个人目的而配置的权力。管理者在实施惩罚时，应以积极、冷静、帮助的态度制止部属的违规行为，而不是抱以愤怒和敌意，这样只会导致对抗。房景伯在实施对不孝子的惩罚中，始终和颜悦色，既赢得了被惩罚者的理解信任，又达到了很好的教育效果。须知，如果不讲态度和方法地实施惩罚，虽然部属迫于压力不得不接受，但心生怨气，效果也不一定好。

如何做到有效惩罚确实是一门学问，为了实现组织目标，不是不要用而是要慎用。慎用惩罚的本意，并不是为了迎合部属，其实质是以管理者的与人为善、诚实正直传达以人为本的价值观，让部属们从内心上认同这是一个值得追随的人，从而建立起强大的团队精神和集体身份认同，让大家能够心无旁骛地做好自己的事。

宜安则安，宜止则止

衡量有效管理的一个重要标准是看能否做到安顿好属下，但这个安顿，不是无原则的，必须根据管理对象的具体情况，确定宽容与禁止的界限。管理者对部属的言行，要适度宽容。如果宽容过分了，则要严格禁止。什么叫宽容过分？其实很难给出一个明确的界限，但是必须有一个安人的标准。如果不影响到大局、不影响到大多数人的利益，则可以包容。相反，就要严格禁止。为什么要禁止？要事先讲明白，让部属们知道这是对事不对人，并且做到适时适度，这样才能赢得大家的认可与遵守，形成良好的团队文化，从而保持一个安稳的良好状态，这就是持经达权。

《资治通鉴》里讲了这么个故事：

唐文宗即位之初，沧州发生叛乱。经过三年多的拉锯战，平定叛乱之后，朝廷任命殷侑出任沧州及周边地区节度使，负责战后重建工作。由于饱受战乱，当地农业生产基本处于停滞状态。殷侑手下的三万军队，只能依靠朝廷调拨粮草供给。

殷侑到任后，面对严峻形势，放下架子，与士兵们同甘共苦开展生产，招募流民恢复家园。经过一年努力，所统辖地区可以通过自我供给，解决一半的军费开支。两年之后，这个地区已完全不需要中央拨款，本地区的农业生产就可满足军队需要。三年之后，本地区的农业生产不仅可以支付军费开销，而且还有大量府库结余。人口开始逐步恢复，经济也开始慢慢增长，形成了良性循环。

殷侑的治理无疑是成功的。这其中的原因是什么呢？历史上，在乱世之时，也不乏想做出一番作为的官员，如西汉八王之乱时的晁错等，虽有满腔热情，却因为缺乏足够的智慧而功败垂成。殷侑本来是当时一个非常有名的学者，他出身世家，精通经史，曾担任过国史修撰官，应该说是典型的书生清流，但当他担任沧州及周边地区的节度使后，却丢掉了知识分子常见的自命不凡与清高，与基层官员和士兵打成一片，深入了解实情。在查明具体情况的基础上，采取了与民休息、鼓励农耕等一系列宜安则安的举措，从而使当地迅速恢复了生产，保证了军队供应和老百姓的福祉。殷侑的成功，说到底就是坚持实事求是，在对管理和服务对象进行深入分析研判的基础上，采取了合适的措施。

在中国人的管理理念中，特别重视时与位的配合。时即时机，位即各方面配合起来的关系。对一个团队而言，最重要的时，就是团队面临的形势与任务；最重要的位，就是管理者与部属之间的关系。现在有一些企业的管理者，自以为学贯东西、通晓南北，把学历、经历和职位当成了能力。在实施管理行为时，很多情况下是根据自己的喜好，很少考虑部属的感受，不顾实际地一味加码，以至人心动荡，事与愿违。

与殷侑同时代的还有一名官员叫崔郾，他的职位是鄂岳观察使。虽然他的具体事迹和殷侑不太一样，但同样表现出在履行管理职责时，始终坚持实事求是，因人施策，宜安则安、宜严则严的思维本质。

在调任之前，崔郾担任的职务是陕虢观察使。在担任陕虢观察使时，崔郾的治理是以宽厚著称，经常一个月也不见处罚一个人。但在转任鄂岳观察使后，崔郾好像变了一个人似的。他严峻刑罚、除恶务尽。身边的人感到不可理解，问他为什么会有如此大的变化？崔郾回答说：陕虢一带百姓贫困，土地贫瘠，我日夜安抚他们还担心他们受到惊吓而逃走，怎么还能用严苛的刑罚来对待老百姓呢？鄂岳这里就不同了。这一带地势险阻，民风剽悍，一贯有刁滑强亢的暴民据守山水要地，侵扰良民、商人，与官府对抗。如果刑罚过宽，就会导致更多不法行为泛滥，因此必须采取严刑峻法。这就是政贵知变，根据不同地方的特点制定不同的施政策略，宜宽则宽，宜严则严。

管理者所面对的对象是千差万别的，所处的环境也各不相同，绝不可能指望用同一种方法就能解决所有问题。所谓"政贵知变""水无常形，因物以成形"，就是要根据管理对象的具体情况而改变。管理的原则不可不变，也不可乱变。变化的依据就是管理对象、环境的具体情况。并且在变化时，要给大家讲明白，一如崔郾所做的那样，不要让部属们瞎猜。否则，他们有可能会认为这个管理者反复无常、没有原则。

除了要因时因人不断变化，要成功实现管理目标，管理者还得坚持某些东西不变。坚持不变的是什么？是原则，是一以贯之的指导管理行为的深层次动机。无论是殷侑，还是崔郾，他们虽然根据不同的管理对象和环境，及时采取了不同的变的措施，但其实他们心中始终藏着一个不变的原则。那就是为官一任，就要想方设法为这里的老百姓多谋福祉。没有这个不变的原则作支撑，对待部属很可能就会宽起来没底线，严起来没限度，这是管理者必须慎重警惕的行为。

力求天理国法人情的统一

在清朝起源地——辽宁新宾的郝图那拉老城，大清第一位皇帝皇太极曾经居住过的正白旗衙门前面，有一块硕大的照壁，上面刻着皇太极亲笔题写的六个大字："天理国法人情"，据说这曾是皇太极治国理政的核心理念。

什么是天理国法人情？所谓天理，就是要遵循事物发展的普遍规律，也是大家公认的大道。国法，则是治理一个国家、一个社会的根本依据，不管你喜欢不喜欢愿意不愿意都得按这个来。人情，人是社会的人，也是感情动物，理解执行天理国法，必须要考虑到人性这个本来的一面。今天的社会形态日趋复杂，作为一名管理者，如何看待和处理那些让人不快甚至违规、违纪、违法的人和事，使之既符合天理人情，又不违背国法，真是一件很难的事。

在这方面，《资治通鉴》又给了我们什么启示呢？有这么一个故事：

汉文帝时，南阳人张释之担任廷尉。一天，汉文帝的车驾经过中渭桥时，一个人突然从桥下跑出来，惊动了圣驾，差点酿成事故。汉文帝非常生气，下令让人追捕，抓到后，将其交给张释之处置。

经过调查，张释之对汉文帝说："这个人违反了清道戒严的规定，依照法律应给以罚金的处罚。"这下子汉文帝不高兴了，说："这个人惊了我乘的马，好在这匹马脾性温和，要是换作其他的马，可不把我害惨了吗？而你却只给他以罚金的处罚？"

听了汉文帝的责怪，张释之没有慌乱，很平静地说："法者，天下公共也。今法如是，更重之，是法不信于民也。且方其时，上使使诛之则已。今已下廷尉。廷尉，天下之平也，壹倾，天下用法皆为之轻重，民安所错其手足？唯陛下察之！"

这段话的意思是说：法，是天下公共的。依照现在的法律，这一案件就应该这样定罪。加罪重判，法律就不能取信于民。况且，在这个人惊动车马之际，如果皇上派人将他杀死，也就算了。现在已把他交给廷尉，廷尉是天下公平的典范，稍有倾斜，老百姓就会认为执法会因人而异，可轻可重。法律一旦失去了应有的标准，就再不能使百姓安心了。这一点还请陛下深思。话说得入情入理，听完以后，文帝也就默认了。

从这个故事中，我们可以得到什么启示呢？

第一，国法是治理天下最根本的准绳

无论天理还是人情，它们共同的交叉点就是国法。对于执法者而言，天理人情当然是应该考虑的因素，但最为重要的是，法律的规定是什么，按照它的规定我们该怎么办？张释之不是不懂天理与人情，但作为一个司法官，他的职责告诉他，什么才是正确的，因为这才是治理天下的大道。

说起张释之，他之所以能够获得汉文帝的赏识，一路走来最后担任司法部长，也是源于他内心一直坚守大道，刚正为人。当初张释之当骑郎时，十多年得不到升迁，于是辞官回到了故里。袁盎知道他的才能，就向汉文帝推荐了他。汉文帝于是任命他当了谒者仆射，相当于皇帝的近卫官，可以天天近距离陪伴在汉文帝左右。一天，汉文帝到上林苑视察，向上林尉询问苑中禽兽情况，上林尉一问三不知，倒是一旁的圈舍管理员滔滔不绝，把文帝的问题回答得干干脆脆。这样，汉文帝就产生了免去上林尉官职、让管理员替代他的想法。张释之知道后，劝汉文帝说："陛下认为周勃和东阳侯张相如是什么样的人？"文帝回答说："他们是长者。"

张释之听完后说："文帝既然认为这两人是长者，他们在争辩的时候尚且有说不出话的情况，哪能随便提拔能言善辩的管理员呢？我听说秦王重用刀笔之吏，官员就争着用敏捷苛察比高低，它的害处是有名无实，皇帝听不到真实的声音，将会使国家土崩瓦解。我担心您今天任命这个管理员，明天大家就都会争相效仿而练习口辩之术而怠于培养真才实能。在下位的人受到在上位的人的感化，比影子响应身体的速度还快，君主的行动不可不谨慎啊！"

听了这话，汉文帝马上明白过来了，不仅按照张释之意见，没给管理员升官，而且对张释之本人更加信任了。何以至此？那就是源于张释之心目中，始终有一个大道。在他看来，坚持国法原则并促使大家遵循这个大道，是自己理所应当的职责。如果背离了这个大道，不仅违背了自己的内心，也会让国家利益受损。法，正是这个大道。

第二，执法也应带有人情的温度

人非草木，孰能无情。严格执法是一个方面，但绝不是执法的全部。执法，从来就不是孤立于人情之外的。

在汉文帝中渭桥受惊一案中，张释之曾说过一句话，假使皇帝当时命人把他杀了，也就算了。这句话看来有一些武断甚至不近人情，但试想一下，有人突然出现，虽不知他想干什么，但无疑会对自己的安全构成重大威胁，在这种情况下，凡是一个普通人都会出于自保而做出相应甚至过激的举措，更何况一个皇帝呢？这就是人情。

第三，天理也足惧

现在，小部分人持有一个比较可怕的观点，那就是不管青红皂白，事实情况如何，认为对违法行为要严加惩处，越狠就越好。其实，这样的思想如果背弃天理，处理结果也许会一时赢得部分人的认可，但久而久之，必然会遭到世人的唾弃。张释之也是用自己处理问题的方法，为我们讲述了天理也足惧的道理。

也是在汉文帝当政时，有一天，不知哪个不知天高地厚的小偷，潜入了太庙，偷了汉高祖刘邦祀位前的一个玉环。汉文帝大怒，抓到这个人后，要求张释之严惩。张释之依据法律，判他街市公开斩首。这下子，汉文帝又不高兴了，说："这个人应该判灭族。而你只判他弃市，这是违背我本意的。"

张释之不管那一套，对汉文帝说："依律只能判他弃市。判处刑罚需要根据情节的轻重程度区别对待，这样判已经足够了。今天，这个人偷了太庙的一个环就判灭族，如果哪天哪个更混蛋的人盗取了高祖陵上的一抔土，不知陛下又该给他怎样更重的处罚呢？"

张释之实际上说的就是天理。这是事物发展的普遍规律，也是大家所公认的大道。老子在《道德经》中讲："人法地，地法天，天法道，道法自然。"所谓道法自然，就是天理。手握法之戒尺者，不可不慎重！

第八课
如何激励部属——明于成人之美

在整个组织朝着既定目标前进之时，管理者对部属实施有效的激励，并不仅仅是对他们努力的补偿，更是一种承认，是一种组织内的认同。对部属而言，奖励也许并不是最重要的，重要的是带有归属感的掌声。有效的激励，会带给部属们成就感和满足感。管理者只有给予他们足够的尊重和理解，才能抓住他们的心，激励他们不断努力上进。

激励的妙用

人都是有感情的,在管理活动中,如果能时时、处处对部属加以激励,就能安抚好他们的心,让他们保持昂扬的情绪去工作。如果不能有效地对他们激励,则容易导致部属因情绪低落而人浮于事,以致无法达到预期目标。

《资治通鉴》里有这么一个故事:

楚汉相争时,韩信曾帮助刘邦平定了山东一带的齐国故地。此时的刘邦,正被项羽牢牢困住,形势十分不妙。恰在此时,刘邦收到了韩信派人送来的一封信,说齐国这个地方很难管理,请求刘邦封他为"假齐王",意思是代理一下齐王。看完信后,刘邦勃然大怒,心想好你个小子,我今天被项羽困得动弹不得,朝思暮想你早点来救我,结果你倒好,想借机要挟当"假齐王",说白了不就是想要占据齐国这块地当王吗?刘邦越想越生气,正要破口大骂时,旁边的张良悄悄地踩了一下他的脚,说:"现在形势对我们很不利,韩信向着汉王则汉王胜,倒向楚王则楚王胜,我们可离不开他啊!"

话一说完,刘邦马上明白了,嘴上虽然骂骂咧咧,但话锋已转,说大丈夫应该有出息,要当就当真齐王,当什么假齐王。吩咐张良立刻带上齐王的印信去见韩信,封他为齐王,然后征调他的部队向楚王进攻。而后结果就显而易见,在韩信帮助下,刘邦不仅很快解围,最后通过垓下之战,一举灭掉项羽,成就汉朝大业。

这个故事对我们有什么启发呢?

第一,要始终高度重视激励的作用

刘邦之所以能够成功,虽然用他自己的话说,那就是会用人。但刘邦的知人善用，深谙激励的手段和作用，针对部属的真实需求，及时封赏，且合情合理，恐怕也是他成功的一个重要原因。

取得天下后，刘邦曾问大臣们何以成功。大臣们把他和项羽做了对比："陛下使人攻城略地，因以与之，与天下同其利。项羽不然，有功者害之，贤者疑之，此其所以失天下也。"这段话表明了臣子们的真实心态，大家跟着你刘邦出生入死，不就是想用生命博取点富贵吗，如果立下汗马功劳还得不到应有的封赏，那这日子还有什么奔头？

确实如此，项羽失败很重要的一个原因，就是该激励的时候没有激励，以至人心涣散。韩信对项羽有一个评价说得很贴切，说项羽这个人啊，平时待人和和气气，言语温和。战士生病了，他都会流下眼泪，甚至把自己的饮食分给病人，这些细节做得很好。但是一到部下立了功，要论功行赏的节骨眼上，就变了。经常把应该给立功者的爵印拿在手上抚摸，以至印被摸变形，都舍不得赏给别人。这话虽然有夸张的成分，但如果遇到这样的领导，平时只施些小恩小惠，到底没有与大家共享富贵的心胸，难怪手下的人会对他离心离德。

第二，激励要恰如其分，因人而异

人的追求是多元的，在人生的不同阶段，追求的重点也不尽相同。不能洞悉部属们心中所追求的重点，从而采取相应激励措施，即使奖励也很难保证其效果。一如项羽，以小恩小惠来激励生病的战士，虽然做得也不错，但是将士们最渴望的，却是功成后的封侯拜爵。当时的小恩惠，虽然能对士兵起到激励作用，但效果很难长久，因为士兵们为你卖命所图的是以后的大富贵。所以有效的激励，应该是顺应部属内心最真实的诉求，精神与物质并重。

任正非在总结华为集团为什么能够不断成功时，说了三条：一是一个人不管如何努力，永远赶不上时代的步伐，更何况在知识爆炸的时代。只有团结数十人、数百人、数千人一同奋斗，你站在这些人的努力之上，才能摸得到时代的脚步。二是也许我无能，才如此放权，使各种人才的聪明才智充分发挥，才成就了华为。三是什么是人才，我看最典型的华为人都不是人才，钱给多了，不是人才也变成了人才。

任正非是这样说的，也这样做的。华为2017年的公开年报显示，当年发生的雇员费用为1402.85亿元，其人均年薪约70万元，比2016年增加了10万元。并且，华为还建立了时间激励制度，就是说在华为工作的时间越长，每年分到的红利就越多。

通过任正非的做法，我们发现了什么呢？在华为集团，只要你能干，要钱给钱，要权给权，每个人都能够通过努力得到公正的奖励。如此才成就了一个具有卓越战斗力的华为。在这点上可以说，华为是成功运用激励机制的典范。在成功运用激励机制方面，东西方的管理思维是高度一致的。

1921年，施瓦伯被卡内基提拔为新成立的联合钢铁公司的经理，成为当年少有的年薪过100万美元的管理者。卡内基为什么会付给施瓦伯高额的薪酬？是因为他的天才头脑或者卓越的钢铁制造知识吗？施瓦伯说："我手下的人比我强多了。但我深知，能够有效鼓动、激发员工热情的能力，才是我最大的资本。而充分发挥一个人才能的方法，正是欣赏和鼓励。"

领导及时的鼓励与欣赏，会让部属有成就感，从而激发出他们潜在的干事热情。无独有偶，施瓦伯的老板卡内基也是一个懂得关心和赞美他人的人。卡内基曾经给自己写过一个墓志铭："长眠于此的，是一个知道如何与比自己更聪明的人相处的人。"一个到死之前还不忘赞美、激励他人的管理者，怎么能够不成功呢？

第三，要允许适当的不公平

合理的不公平，实际是具有激励效果的一种措施。适当的不公平才能使人不满足、不服输，为了获得更多的认可和赞美，人们就会持续提升自我，以求更多更高水平的激励。反之，如果什么都一样了，不仅激励资源的相对有限性难以承载，而且会导致那些自认为功勋比较大的人，因为别人都获得了与他一样的奖赏，从而产生新的心理不平衡。加之在人性中，对奖赏喜悦性的遗忘始终存在，需要新的源源不断的激励来持续保持干事创业的热情，如果一次就激励得过高过满，恐怕也不一定是什么好事。

仍以刘邦为例。刘邦平定天下后，照例要论功行赏。对这时候的刘邦来说，操纵天下权柄，完全可以根据自己的喜恶亲疏随意封赏。但他深知，赏罚是公器，要赢得部属们持续的忠诚，绝不能搞一碗水端平，必须准确界定他们各自的工作价值，根据他们实实在在的业绩来给予恰当的封赏，否则，激励没准会产生相反的效果。

经过深思熟虑，刘邦列出了20个人的首批封赏名单。高居榜首的是萧何。《资治通鉴》里说："萧何封酂侯，所食邑独多。"这个封赏，比当年跟随刘邦在沙场拼杀多年的樊哙、周勃、灌婴等人可是高多了。这些人与萧何同日受封，但是所得远远比不上萧何，心中当然不服气。就一起找刘邦提意见："臣等身被坚执锐，多者百余战，小者数十合。今萧何未尝有汗马之劳，徒持文墨议论，顾反居臣等上，何也？"老将们表示不满也有一定道理。一场战争下来，谁都不知道自己还能不能活下去。我们这些人，跟着你这么多年，都是提着脑袋走过来的，要没我们，这个天下你打得下来吗？怎么到论功行赏时，我们还不如一个书生呢？但问题是，赢得天下是否只靠拼杀？封赏是不是只以参加了多少场战争、攻下了多少城池、取得了多少胜利为依据呢？

刘邦不愧是懂得激励的高手。虽然你们觉得不公平，但刘邦自有让他们心服口服的理由。他说了这么一番话：你们知道打猎吗？打猎的时候，追逐猎物的是猎狗，但向猎狗发出指令的却是人。你们攻城略地，就如那追逐猎物的猎狗一样，而向你们发出指令的，正是萧何。你们是有功之狗，而不是有功之人，所以萧何要排在你们前面。

确实如此。刘邦曾评价萧何"镇国家，抚百姓，给馈饷，不绝粮道，吾不如萧何。"正是萧何的努力，才使刘邦率领将士们在外拼杀时，有了一个稳定的后方，保证了源源不断的兵源和粮草供应，这也是刘邦屡次战败，又能够东山再起的重要原因。在争夺天下的过程中，一场战争的胜负对于全局的影响，并不是十分重要，始终把握正确的战略方向，才尤为重要。当年汉军攻入咸阳，将领们忙着抢夺宫廷里的金银珠宝时，只有萧何独自一人把秦宫里所藏的战略要塞、天下人口、财富虚实图搜集齐全，从而使刘邦在与项羽争夺天下时，始终掌握着战略上的主动。楚汉相争开始后，萧何又作为一个称职的后勤部长，为刘邦屹立不倒提供了坚强的支撑，从这个意义上说，没有任何一个将领能够与之媲美。正是这段话，打消了其他将领们的疑虑，但也正是合理运用了差别性激励，刘邦才得到了将士们的共同认可。

　　在激励的运用中，绝对公平的是不存在的，唯一存在的是公平原则。刘邦重赏萧何的故事启示我们：看似不公平的背后其实也是公平。只不过，由于所处位置的不同，信息的不对称，部属们更在意的是结果，对隐藏在其中的原则，是较难察觉的。为确保好的激励效果，管理者就需要开诚布公地讲明激励所依据的基本原则和标准，并且坚决照此执行，从而赢得部属的理解、支持，使他们的心理达到平衡。毕竟，所有的激励还是以最大限度地安定大多数人的心为目的的。

尊重每一名部属

在团队中,即使没人提醒,管理者处于上位也会得到足够的关注与尊重。然而,要打造一个卓越的团队,有效实现管理目标,光有这点是远远不够的。管理学大师德鲁克说:"在组织而言,需要个人提供其贡献,在个人而言,需要组织作为达到个人目的的工具。"管理者如果不能有效激发出全体部属的凝聚力、向心力和战斗力,仅凭一己之力,纵有再大本事,恐怕也会力不从心。

《资治通鉴·周纪》里讲了这么一个故事:

战国时期,卫国人吴起投奔魏国后,得到赏识担任了大将军。吴起做大将,与最下等的士兵同吃同住,睡觉不铺席子,行军不骑马,亲自挑上士兵的粮食,与士兵们分担疾苦。有位士兵患了毒疮,吴起甚至亲自为他吸毒。这个士兵的母亲听说后痛哭不已。有人奇怪地问:"你儿子是个士兵,吴起将军亲自为他吸毒,这应该是很荣耀的事,你为什么还要哭啊?"

士兵母亲回答道:"不是这样啊!当年吴将军为孩子的父亲吸过毒疮,他父亲从此作战决不后退,结果战死在敌阵中。现在吴将军又为我儿子吸毒疮,我不知道他会战死在哪里"。

有一句俗话,叫胜败乃兵家常事。但在中国历史上,却有一位从未打过败仗的将军,那就是吴起。最经典的一次战役是公元前389年,秦惠公出兵五十万攻打魏国的阴晋。时任魏国大将的吴起,率领没有立过军功的五万人,外加战车五百辆、骑兵三千人,照样把秦军打得落花流水。

吴起为何场场战争都能取得胜利?除了个人卓尔不凡的军事谋略,一个很重要的原因,恐怕与他深知领兵之道密切相关。

众所周知，在冷兵器时代，士兵是最重要的战争武器，其士气如何，直接决定着战斗力高下，进而决定了战争胜败。再高明的战术和计谋，归根到底要靠人来执行。如果士兵们认为这个主帅值得信任与追随，那么，他就会无条件地忠心执行主帅的指令。相反，如果这个主帅不足以赢得将士们的心，迫于军法他们虽然不得不从，但绝不会全力以赴，这对于以士兵战斗力为核心力量的古代战争来说，其战争结果也就可想而知了。所以，深谙这一点的吴起，才会尊重每一位士兵。身为全军统率，吴起犯不着与大家同吃同住，更用不着亲自去为士兵吸毒。他这样做的目的，只有一个合理的解释，那就是以简明可见的方式告诉广大士兵：我们是一个命运共同体，我与你们都是平等的，希望能够共患难，同奋斗。

然而，在现实中，很多带兵的人可不是这样想和这样做的。

美国著名的西点军校有一个理论，就是新学员来了，首先要把其锐气、自尊心和傲气都彻底打掉，然后再重新塑造。因此，在西点军校里，对新学员的虐待和捉弄是一件很常见的事。

在西点军校，任何管理者和老学员都可以随时向新学员提出任何刁钻的问题，如"学校会议室有多少盏灯？""蓄水池能蓄多少升水？"新学员如果不能很快答出，就会受到处罚。从简单的罚跑、罚站、罚做俯卧撑，到吃肥皂块、绳子头、眼药水。曾经有一个学员因不堪忍受这种污辱而自杀，从而在美国引起轩然大波，国会还派出了专门调查组进驻西点军校。为此，西点军校修订了学员规章，明确规定"禁止欺侮新生"。可事情平息之后，这种情况并没有得到根本性好转。可以想象，用这种方法训练出来的军官，会怎样带兵？所以，美军内部的官兵关系一直比较紧张。

我们中国人有一句俗话叫"将心比心"，意思是说一个人只有做到真心对别人，别人才会用真心来对你。对管理者而言，很容易犯的一个错误就是，权力大了，时间长了，也就变得自我任性了，唯我独尊，认为部属就应该无条件地坚决尊重与服从自己。很少反思一下，自己对他们是否做到了足够的尊重。相反，要想真正赢得部属的尊重，从而使他们发自内心地追随，首先就要做到尊重他们。吴起做到了这一点，所以才能够常立于不败之地。这正如战国时期的思想家鲁仲连所评价的那样："食人炊骨，士无反北之心，是孙膑、吴起之兵也。"即使在非常艰难的情况下，士兵们也绝无反叛之心，这就是孙膑和吴起的士兵。

尊重每一名部属，并不完全是基于组织目标的需要，也是基于人性的需要。在中国文化背景下，人的最低追求是归属感，一个中国人如果发现他不能归属在某一个群体里面，就认为他的生存没有价值。这种归属感，不能是仅停留在形式上，而应该是心灵的层次上。

还是以吴起为例。士兵们虽然与将帅一起，同属一个团队，这是形式上的。历史上，将军与士兵很少形影不离的，但为什么只有吴起与将士们不仅形影不离，而且心心相印呢？因为士兵认为：你身为主帅，与我们同吃同住，我们的一分子生病了，你亲自为他吸毒，说明你认可我们，接纳我们，把我们当成与你息息相关的一部分。那么，不管以后战争的结果如何，我们一定会竭尽全力，因为我们已经得到了你的认可，也就无怨无悔了。

其实，西方文化中对下属尊重的认识也是非常深刻的。1969年，奥德佛在对马斯洛的需求层次理论进行深入研究后，提出了他的修正结果，那就是"生存、联系、成长论"，也可称为ERG理论。

ERG理论认为，人有三种基本的需要，分别是生存（existence）的需要、联系（relatedness）的需要和成长（growth）的需要。尊重，是联系的需要和成长的需要的重要组成部分。在团队中，通过尊重，可以让部属认识到自己的存在价值。尊重则体现了联系的结果，足以让部属感到心安。同时，因为有尊重所带来的良好人际互动，部属会对自己的成长充满信心，相信跟着这样的管理者，放手去工作，我们一定会迎来一个更好的未来。

在诸多的世界知名企业如IBM、惠普、东芝等，都把"尊重个人"列为企业核心价值观之首。如IBM的总裁沃森就说："我十分讨厌对员工的不尊重，公司最重要的资产不是金钱或者其他东西，而是由每一位员工组成的人力资源。"因此，沃森制定的IBM著名"三大准则"中，第一位的就是"必须尊重员工"。世界零售业巨头沃尔玛所倡导的企业文化，首当其冲的也是"尊重个人，以员工利益为重"。

尊重每一名部属既然如此重要，却并不是每一名管理者都能做得好。要想做好，其中的窍门无非两条：

第一，要准确把握部属的动机与需要

就到底，就是要深刻洞察人性，尊重部属最在意、最不可割舍的东西。美国哈佛大学管理学教授麦克利兰认为，人在工作情境中，有三种非常重要的动机和需要：

一是成就需要，即争取成功，希望做得最好的需要；二是权力需要，即影响或控制他人且不受他人控制的需要；三是亲和需要，即建立友好、亲密的人际关系的需要。这三者有时是并行的，有时又有主次，并且完全因人而异。作为管理者，就要做有心人，认真分析把握每一名部属的需求与动机，有的放矢，才会取得最好效果。

第二，放下管理者的身段

要明白不管处在什么位置，所有的人在人格上都是平等的，目的都是奔着组织的使命而去的。管理者和部属作为一个命运共同体，一定是一损俱损，一荣俱荣的。离开了部属，还能算是管理者吗？离开了部属的支持，一个人纵然有再大本事，能够力挽狂澜吗？想明白了这一点，自然而然地，对待部属，也许就能够做到"理直气和，义正辞婉"了。

抓住部属的心

要使部属能够心无旁骛跟着管理者走,管理者必须具备强大的凝聚力。西方人比较喜欢工作导向的管理模式,见面先说事,事情办完了,管理者与部属各走各的路,交流互动较少。而中国人则显然喜欢关怀导向。在谈工作之前,对部属先做到用心关怀,取得情感上的共鸣,接下来的工作就顺理成章。

人有讲究规则的社会性,更有讲究感情的动物性,人若无情,何以为人?然而,在某些组织或团队中,部分管理者却认为,工作目标是第一位的,讲感情是工作的最大障碍。作为部属,管理者定下来的事就要坚决执行,除此之外无须考虑情感方面的东西。这种情况只能称之为管,不能称之为是真正的管理。管理是一门艺术,是管理者能够通过努力建立起对部属的关怀导向,由此紧紧抓住部属的心。

《资治通鉴》里讲述了这么一个故事:

五代时期,后汉大将郭威受汉隐帝指示,节制各路军马,前去讨伐叛臣李守贞等人。郭威非常关心士兵,与他们同甘共苦,士兵们只要稍有军功,就给予赏赐。在战斗中受了点伤,他也会亲自看望。谋士中无论是贤者还是品行不好的,只要有事来陈述的,他都和颜悦色地接待他们。偶尔触犯军规他也不发怒,对小的过错也不责罚。因此,士兵、将领们都真心归附于郭威。

郭威率领大军进军到李守贞据守的城下后,李守贞以为,郭威的这些部下,曾经都是自己的老部下,当年没少给过他们恩惠。且这些士兵过去骄横惯了,现在后汉军法严明,估计很难忍受郭威的领导。他们见到我,一定会马上倒戈。可令他万万没想到的是,因为士兵们处处受到郭威的关心和赏赐,他们早就把李守贞的旧恩情忘得一干二净。取而代之的是奋勇战斗。结果显而易见，李守贞被迅速剿灭。

在查阅李守贞的来往公文书信时，得到朝廷权臣及很多藩镇大员与他勾结的书信证据，言语大逆不道，郭威听从王溥的意见，一把火把这些书信都烧了。对于此举，不管是那些有过不臣之心的人，还是忠诚履行自己职守的人，心都安定下来。他们认为，只有郭威才是值得追随和信任的人。果不其然，郭威被逼反叛后汉后，不仅部下们全都忠心耿耿追随，其他人也予以理解和同情。最后，北周取代后汉，郭威成了周太祖。

中国历史上，处于唐宋之间的五代十国是个民不聊生、群雄纷争的时代。在那个时代，父杀子、子杀父，君灭臣、臣欺君，各个藩镇今天是兄弟、明天是仇敌的故事几乎天天都在上演。"内库烧为锦绣灰，天街踏尽公卿骨"，生存与死亡，忠诚和背叛，是包括最高统治者在内的各级官僚必须时刻面临的选择。在那个时代，可以说，是以实力论英雄的时代。但真正的实力，却不在于你拥有军队的多少，而是你拥有多少忠心的军队。军队是否忠心，又在很大程度上取决于领兵者对他们的态度，在于能否完全抓住他们的心。郭威做到了，所以他得以在充满丛林法则的五代纷争中，打出了自己的一片天地。

今日社会，人与人之间缺乏感情的交流。要在这样的背景下加强领导向心力，树立员工的信仰与对团队的信心，可能的途径就是管理者要珍惜人情、重视伦理。作为管理者，与部属们朝夕相处，员工的工作时间几乎占全部生活时间的三分之一以上，如果领导者对部属缺乏关心关怀，相互之间难免都会感到压抑和孤独，这样的生活质量，以及在这样情绪环境下所导致的工作效率低下，相信管理者和部属们都是不愿接受的。

那么，领导者怎样才能有效抓住部属的心呢？曾仕强先生总结我国台湾地区管理者的经验时，把它归结为四个"F"：

FATHER：即管理者以尊重的心来爱护部属，部属才会尊敬他、爱戴他、信任他，因为父母对孩子的爱当然纯洁无瑕。

FATE：即用敬神的仪式来提醒部属不可不忠不义，互敬互爱，才能像神人一般和谐。

FAVOR：即在体贴照顾之外，还必须礼待部属，用尊重他的心态来领导他，以礼相待，才会得到部属的真心拥护。

FACE：即讲究人格上的平等，处处给部属面子，这样部属才会表现出处处讲道理的样子，只要做到处处讲道理，部属们也就会主动做到处处求合理。

曾仕强先生从方法论的角度，所总结的这四个"F"应该说是非常符合管理实际的，可以说把如何抓住部属心的"术"讲透了，其实，在"术"之外，还有一个需要把握的，就是"道"，主要包括以下几个方面：

第一，用正确的思想教育人、凝聚人

组织是一群由不同思想、不同行为方式的人组成的群体，肩负着共同的使命。抓住每一个部属心的目的，是为了实现共同的使命而奋斗。如果各人心思各异，即使人多力量大，但因为大家的心不在同一个方向上，步调不一，办事的效率不会太高。解决这一问题的方法，唯有通过耐心细致的思想工作。

大革命失败后，很多人甚至包括陈独秀等一批高级干部，对红军的前途命运极度悲观。亲自组建红军的毛泽东，对这个问题看得更加透彻。初创时期，红军成分非常复杂，加上环境恶劣，征战不力，红军士气很低落。不仅士兵和基层干部感到彷徨失落，一些高级指战员也开了小差。红军军心动摇，思想混乱，面临着何去何从的艰难抉择。怎么办？

面对这一严峻形势，毛主席从最核心的问题，也就是"为了谁打仗"这个问题入手，深入士兵中间，做了大量针对性的思想工作，旗帜鲜明地反对各种错误思潮，使广大红军战士有了阶级觉悟，有了分配土地、建立政权和武装工农等意识，知道是为了自己和工农阶级而作战，从而迅速抓住了广大官兵的心，使整个红军队伍焕发出蓬勃的战斗力。

作为人民军队创立者和伟大政治家、思想家、军事家的毛泽东同志，对思想工作的价值与作用认识极为深刻。可以说，红军初建时期之所以能够摆脱思想混乱、处处挨打的被动局面，最重要的一个原因，就是在毛泽东同志领导下，探索并最终在古田会议上确立了政治建军的正确思想，使广大红军将士有了思想之魂。

思想工作本质上也是管理工作。坚持用正确的思想来教育武装部属，既是思想工作也是管理工作的大道。前面提到，面对老上级、曾经的恩人李守贞叛乱之举，郭威的士兵之所以不为所动，坚决平叛，相信除了郭威对他们的关心照顾外，一定还有国家大义的思想教育，这应该就是抓住部属的心的王道。

第二，重大局容小过

管理作为一门学科，作为一种实践，涉及人与社会的价值观。组织不是为个人的存在而存在，它的最终目标应超越个人。管理的目的，并不在于使管理者个人，而是在于使组织内的每位成员发挥作用，实现外部目标并获得相应成果。必须看到，作为组织成员的部属，并不是生活在真空中的工具人，而是社会人。各种外部因素的存在，使得作为社会人的部属难免有过错、失误，这时候就要观其大节、容其小错，方能使之心安。

郭威为什么要一把火烧掉与李守贞勾结的官吏书信呢？并不是这些人没有过错，只是在那个混乱时期，战争频起，说不定今天这个反叛的人，明天就成了皇帝，官吏们只不过为自己的生路多留一个选择，并未真正反叛，怎么能斩之杀绝呢？再说，对当时的割据政权后汉而言，尽快恢复安定才是国家的主要目标，如果扩大打击面，不仅不利于国家稳定，而且还有可能把那些官吏逼上要么铤而走险、要么投奔敌国的道路，这应该不是后汉统治者所愿看到的。事实上，重大局容小过，就是要始终紧盯组织的核心目标，不使部属在小错误上忐忑不安，以此来抓住部属的心。

第三，需要注意的是，抓住部属的心，并不意味着为了抓住而迎合

组织最大的使命是实现目标，对部属无论是尊重、体贴、平等，都不能失去原则与底线，否则，这样抓住的心也不可能长久。

第九课
如何安定人心——乐于容人之错

"海纳百川，有容乃大。"卓越的组织，其强大的力量体现在能够包容不同的人，也能够包容人的不同方面，从而激励平凡的人干出不平凡的事业。彼得·德鲁克说："管理通常在一个组织内存在、运行和实践，并为这个组织服务。组织是一个由工作关系维系着的人类社会群体。更准确地说，正是由于管理的对象是一个由共同工作目标维系的人类社会群体，因此管理就要涉及人的本性，而且也包括善与恶。"容人之错，就是要通过管理者的以身作则，诚以待人，宽以容人，激发部属内心中的善，抑制其心中的恶，达到和和之境，实现部属与组织的共同成长。

包容的力量

《资治通鉴》里有这么一个故事：说的是郭子仪在率军平定安史之乱后，代宗对他十分敬重。经常命令朝廷重臣元载、王缙、鱼朝恩等人在他们自己的家中设宴款待郭子仪，且每次花费都很大。上朝时，代宗更是称他为大臣，从不直呼其名。

有一天，郭子仪的儿子驸马郭暧与升平公主发生了口角，一气之下对公主说道："你不就倚仗你父亲是天子吗？我父亲是不屑于做天子！"言下之意就是，如果我父亲想做天子，哪有你们的份？

听了这话，公主立马飞奔入宫奏报此事。代宗说："并非你所能知，事实确实如此啊！如果他们想做天子，天下怎么还会是李家的呢？"代宗安慰了一番，让公主回去了。

郭子仪听说这事后，立即把郭暧囚禁起来，自己入朝请求代宗的处罚。代宗听了哈哈一笑说："有一句俗话，叫'不痴不聋，不作家翁'，这不过是孩子们闺房中吵架的话，哪值得听呢？"一句"不痴不聋，不作家翁"，不仅消除了郭子仪的担心，更重要的是，彰显了代宗的包容胸怀，为赢得郭子仪及其团队对其更加忠心耿耿的支持，进而确保大唐政权稳定起到了至关重要的作用。

在管理工作中，部属工作上的失误或者工作水平、工作成果不尽如意等让人感到不那么舒服的事总是存在的，怎样对待和处理这些问题，确实是对管理者的考验。做得好，则人心皆得，事业兴旺；反之，则可能离心离德，事与愿违。

日本作家盐野七生在《罗马人的故事》一书中，曾提出一个令人深思的问题：罗马人智力不如希腊人，体力不如高卢人，技术不如伊特鲁里亚人，经济不如迦太基人，却为何能一一打败对手，建立并维持庞大的罗马帝国？

这也许是一个比较复杂的问题，但通过下面几个事实，便可得到答案：

1.希腊的奴隶除极少数外，注定终身为奴。但罗马却规定奴隶可以用攒下的钱赎回自由，此后他们的子孙可享有与市民完全相同的自由权。

2.罗马人善于征服每一个反对他们的民族，一旦征服，即给予被征服者相同的罗马市民权，这些被征服者能够保存自己的文化传统，参与国家的建设与管理。

3.公元前367年，罗马贵族同意并执行平民出身的李锡尼制定的《李锡尼法》，此后，国内所有政坛高位全部向平民阶级开放，贵族和平民之间的对立关系消除。

这是罗马帝国发展史上的事实。透过这些事实，以及唐代宗礼遇郭子仪的故事，我们有什么发现呢？

小到一个人，大到一个民族，如果没有对他人甚至是异己的吸纳包容，就无以成其大。有人对中国历史有一段很有意思的评述：细数中国历史上入主中原的少数民族，凡是不接受中原文化的，基本上是不到一百年，你从哪里来的就又回到哪里去，凡是接受中原文化的，结果就是"长大后我就慢慢成了你"。元朝、清朝就是这方面的典型例子。

这些历史事实归结到一点，就是《道德经》第四十一章中所说的"上德若谷"，最高尚的道德就像低谷一样，吸纳包容一切，只有如此才能成就人生的卓尔不凡。

然而，现实生活中，我们经常会看到一些令人遗憾的现象：有的管理者，自以为是，认为自己从来都是正确的，不愿意接受别人的任何意见和建议；有的则唯我独尊，只要别人侵犯了自己的一丁点儿利益，便暴跳如雷；有的对新的事物或者别人的一些思想表面上认同，内心却不以为然；还有的人，不能容忍自己人生道路上的一点点小失误、小失落，深陷各种窠臼而无法自拔。这些林林总总的不懂得吸纳包容的问题，是诸多不和谐的起源。

身处尘世中的管理者们，该如何从容地做到吸纳与包容呢？

一曰容事

任何事物的发展都是不以人的意志为转移的。无论成功与失败，得到与失去，顺境与逆境，总有自身的规律，我们可以去影响但不能决定它，如果一意强求，只能让自己陷入无尽的烦恼中。

有这么一个故事：

美国作家马克·吐温与朋友郝威尔参加教会聚会，出门时碰到天降大雨。郝威尔见这瓢泼大雨，不禁悲从中来，他喃喃地问马克·吐温："你看这雨会停吗？"

马克·吐温回答："所有的雨都会停的。"

我们可能都会碰到这样的雨。诗人朗费罗说："你的命运一如他人，每个生命都会下雨。"但是所有的雨，不管它怎样来势汹汹，令人心烦意乱，而最终都会停下来的。而且，雨越大，意味着它越会很快停下来。老子说："飘风不终朝，骤雨不终日。"只要我们有一颗平常心，再加点耐心，再大的雨也会停下来，并且，雨后的天空会更加美丽，雨后的空气会更加清新，也许，我们还可以看到亮丽的彩虹呢！

其实，生命中的雨，就如我们在工作生活中所遇到的不顺、不公甚至挫折一样，学会以平常的心对待它，随着时间流逝，相信一切总会过去的。世上没有不平的事，只有不平的心。有这样一种包容的心态，就算再大的苦难又能奈我何？所以，老子说："知常容，容乃公，公乃全，全乃天，天乃道，道乃久，没身不殆。"能够认识到事物发展不以人的意志为转移的规律，就能够做到包容，能够包容就能够公正，能够公正就能够知晓天地常规，能够知晓天地常规就能符合天道自然，能够符合天道自然就能符合道，能够符合道就能长久，终身没有危险。

二曰容人

既要容易容之人，也要容难容之人。也就是既要容君子，也要容小人。

对诸如政府机关、国有企业等性质的机构而言，很难随便做到要哪个人或者开除哪个人。这时候，就需要对形形色色的人无一例外地做到包容。容君子需要的是胸怀，而容小人需要的则是智慧。包容君子相对好做得多，但要是包容小人，就很难了。所以，冯梦龙先生讲："能容小人，方成君子。"

在今天这个转型期的社会里，各种焦虑、压力、浮躁加上制度法律的不完善、诚信机制的缺失以及公德意识的退化，使各种各样的小人不可避免地在我们的身边存在，有媒体称之为"垃圾人"，十分形象。这些人，有利必争，有责必推。当别人取得成绩时，他不是喝彩而是伺机造谣中伤；当别人落难时，他不是施以援手而是落井下石。管理这些人，如果不懂得包容的技巧，很可能被其产生的负面情绪所困扰甚至为其所伤。

还是郭子仪的故事。一如唐代宗，郭子仪也是深得包容之妙。因屡立战功，加上皇帝无比信任，郭子仪遭到了朝中小人鱼朝恩的嫉恨。鱼朝恩多次在皇帝面前诋毁他。久而久之，其手下人因为担心郭子仪手握重兵，怕惹急了他会带兵报复，于是劝鱼朝恩收手。哪知鱼朝恩冷冷一笑说："郭子仪将兵在外，他的家人都在我手中，以他的仁孝，断不敢有所作为。"

郭子仪的心腹大将见鱼朝恩一伙太嚣张了，看不下去，纷纷说，大人统领大军，强敌无不丧胆，难道还怕几个手无缚鸡之力的小人吗？郭子仪听了这些话，很平静地说："将帅带兵在外，少不了有几句闲话，这也是历来常有的事。更何况，我一家老小全在京师，相当于就是这些小人的人质啊，他们是什么事都干得出来的。只要不关乎国家安危，我个人受点委屈又算什么呢？"

后来，因战事需要，因鱼朝恩谗言遭贬的郭子仪再度复出，取得了对吐蕃的灵州大捷。鱼朝恩闻讯后更是恼羞成怒，派人掘了郭子仪的祖坟。闻此消息，郭子仪的儿子哭着说："父亲只知忍让，却落得让人掘坟的结果，天下的人都会嘲笑我们。今天我就是豁出命来，也要取奸佞的性命。"

郭子仪也流泪道："皇上宠信奸佞，忠言难进啊。奸佞挖我祖坟，他这是在激我冲动行事，以中其奸计，我们怎能上当呢？奸佞多行不义必自毙，我隐忍不发，虽是为了国家大局着想，可也是担心你们受害啊!"

他强压怒火,见到代宗时压根不提此事。代宗过意不去,就此事向郭子仪表示慰问,郭子仪却说:"我领兵在外,禁止不了军士捣毁他人的坟墓,常有愧疚,自认失职。现在我的祖坟被掘,非是人为,只是上天对我的惩罚,我能怪谁呢?"

听了这话,处心积虑想收拾他的鱼朝恩被打动了,由此,郭子仪也得以安处朝堂,直至高寿无疾而终。试想一下,如果他没有容忍鱼朝恩一伙小人的度量,可能就会与他同时代的名将仆固怀恩一样,被逼造反而身首异处,何有后来的作为?所以,面对小人,请记住一句话,不要跟他们计较,就像不要跟垃圾计较一样,一笑置之,这才是一个真正有大智慧的人所应做的。

其实还有一个需要注意的现象,就是我们不仅要警惕身边的小人,更要警惕自己心中的小人。炽热的欲望、残酷的环境、生存的本能……都可能激发潜伏在我们心中的"小人"。学会包容身边小人的同时,也不要忘了反思一下自己,我是不是也是这样令人讨厌的人呢?

三曰容己

只懂得包容外在的事物和别人是不够的,没有自我的完善,也成就不了最高的美德。然而,现实生活中,少有人不经历挫折,也少有人完全实现所谓的心想事成。能不能坦然面对前进道路上的挫折,取决于我们能否对自己也做到包容。也许有人会说,对自我的包容是在为失败或者不进取找借口,但在我们看来,包容是对自我的一种解脱,它可以让自己不至于陷入各种困境而无法自拔,从而振奋精神,为下一个出发作积极的准备。

讲到古罗马为何强大时,其实还有一个重要原因,就是它从不杀败将。不仅如此,从战场归来的败将,同样受到人们的尊敬,因为罗马市民认为他们是为国家流过血的人,能够活着把自己和士兵们带回来,就是对国家的贡献。在这种环境下,古罗马的败将们也从未因吃了一次败仗而一蹶不振,相反的,他们能容忍自己的失败,期待着用下一个胜利来证明自己。正是在这种思潮指引下,古罗马诞生了一批吃过败仗、但后来迅速成长为一代名将的人才。如在布匿战争中，曾屡次被迦太基名将汉尼拔打败的罗马将军西庇阿，虽一败再败，但始终没有气馁，最后通过扎马会战彻底打败了汉尼拔，赢得了最后的荣誉。

　　每个人在生命旅程中，总会犯这样那样的错误，总会有经过努力也得不到的东西。管理者也不是圣人，也可能犯这样那样的一些错误。如果我们已经犯了错误，如果事已与愿违，那就一定要宽容自己，不要让悔恨和忧郁来打扰我们的生活。学会宽容自己，实际上就是对自己的一种爱和尊重，斯曼莱恩·布兰顿博士在《爱或者寂灭》一书中有这么一句话："适度的自爱，是一个人健康的反映；适度的自重，对工作和成功将大有裨益。"

　　那么，我们又该如何做到宽容自己呢？最好的方法是当处于纠结和烦恼之中的时候，尝试着安静地独处一会。用《圣经》诗篇里的建议就是："安静下来，同时体会我就是上帝。"能做到这一点，何愁不能宽容自己，从而达到至善之德的境界呢？

▍以坦诚换忠诚

管理学大师彼德·德鲁克曾说过一句话："管理者能否管理好别人从来就没有被真正验证过，但管理者完全可以管理好自己。"在一个团队中，管理者所面对的对象，一定是经历、能力、品性、格局各不相同的人，如何团结他们，让不论什么层次品位的人，都能够安心地团结在管理者周围，围绕共同目标努力奋斗，所考验的绝不是部属而恰恰是管理者。

在管理实践中，我们也许会同时碰到这样的情况：有的部属工作很积极很主动，士气可嘉，但能力水平不行，他越忙，可能给管理者添的乱越多，面对这样的部属该如何是好？还有的部属，能力水平很强，但就喜欢自己做主，搞得对时可能对组织有好处，搞得不对时可能就给组织捅个大娄子。也有的部属，能力水平不行，更要命的是，德行也一般，不干活不说，还整天盯着别人，东家长西家短，这种人又该如何使之安定？如此等等，这些千差万别的情况，如果细究下去，管理者恐怕会陷入一个又一个的泥潭中，怎么办？《资治通鉴》的一个故事或许能让我们有所启发。

汉宣帝时，黄霸在颍川担任太守。他订立规章制度，对下属官吏先进行教育和感化，如果有人不遵教化，再对其施行刑罚，以求成就和保全他们。刚上任时，他命令郡内驿站和乡官一律畜养鸡、猪，用以救济那些独身的男子、寡妇和贫穷之人。对下属们汇报的事，他都能认真倾听，并善于从不同意见中找出真相，犯了错的严厉批评，做得好的大加奖赏，因此在百姓和官员心中享有很高威望。

其间发生了这么一件事：黄霸的一个部属是许县县丞，因为年纪大了耳朵不太好用,有人提议把他罢免算了。黄霸坚决不同意,说:"许县县丞是个清廉官吏,虽然年老,但尚能下拜起立,迎来送往,只不过有点耳聋,又有什么妨碍呢?应该好好帮助他,不要使贤能的人失望。"

有人问为什么。黄霸说:"频繁更换重要官吏,会增加迎新的费用,奸猾官吏也会借机藏匿档案记载,盗取财物。最后这些费用都要转嫁到老百姓头上,更何况,新换的官吏未必如原来的贤能,这样只会增加混乱。治理的方法,只需要去掉不称职的官吏即可。"正因为黄霸的坦诚,属下官吏和百姓们都对他非常忠诚,大家齐心协力,把颍川郡治理得是红红火火,官场风气焕然一新,奸邪之人都不敢踏上颍川的地界。郡内的户口年年增加,每年的政绩考评也是天下第一,黄霸也因此被汉宣帝提拔为京兆尹。

黄霸为什么会成功?实际上,颍川这个地方,在黄霸到任之前,盗贼猖獗,民风剽悍,官浮于事。短短几年时间,人还是那帮人,地还是那块地,却创造出了完全不同的业绩。这其中的秘密,就在于他能够坦诚地对待部属和老百姓,有什么要求直接给大家说清楚,并且身体力行。由此换来了大家的理解与忠诚,从而全心支持他干一番事业。

事实上,在一个团队中,最让部属们感到不能心安的,就是不知道管理者对他们的要求到底是什么,总是让部属们去猜去悟。悟性高的人自然没问题,可是人不是一般齐的,悟性低的人就很难受了,有时候左也不是,右也不是,耗尽了精力还没有好结果。长此以往,团队的战斗力、凝聚力也会被耗散掉。

怎样解决这一问题呢?作为管理者,只要事先给部属们讲明三个规则,问题也许就迎刃而解了:

第一个规则:凡事第一次做,要有解决方案,要给管理者出选择题而不是填空题

这是一些部属特别是新人容易犯的错误。遇到什么事时,向管理者请示的是"该怎么办"而不是"有这么几个方案,各自有一些利弊,您看用哪个好",这样下去,管理者怎么可能对部属的工作状态满意呢？相反，如果对存在的问题，部属能够主动思考解决方案，即使与管理者的想法不尽相同，管理者也会乐于接受。

汉宣帝时，因为各种政策失误，原先已归顺的先零羌人联合其他的羌人部落，反叛了汉朝。老将赵充国以七十高龄，带领约6万人的军队前去平叛。汉宣帝要求赵充国7月上旬携带30日的粮食，从张掖、酒泉出发，全力攻击鲜水河畔的两部羌人。即使不能完全剿灭，也要夺其畜产、掳其妻子儿女，然后率兵退还，到冬季时再行进攻，要通过这样的频繁出击，让羌人震恐。

接到汉宣帝的命令后，赵充国提出了不同看法，他说："每匹马要载负一名战士30日的粮食，即米二斛四斗，麦八斛，再加上行装、武器，难以奔驰追击。敌人必然会估计出我军进退的时间，稍稍撤退，追逐水草，深入山林。我军随之深入，敌人就占据前方险要，扼守后方通路，断绝我军粮道，使我军有伤亡危险。一旦如此，我军将受到嘲笑，这种耻辱永远也无法报复。而掳夺羌人的畜产、妻子儿女等，这怕是一派空话，不是最好的计策。先零羌才是叛逆的祸首，其他部族只是被胁迫的。所以，我的计划是：舍弃两部羌人昏昧不明的过失，暂时隐忍不宣，先诉诸先零羌，以震动其他羌人，他们将会悔过，反过来向善，再赦免其罪，挑选了解他们风俗的优秀官吏，前往安抚和解。这才是既能保全部队，又能获取胜利、保证边疆安定的策略。"

收到赵充国的奏章，汉宣帝让大臣们讨论，还是认为要抓紧时间打击两部羌人。赵充国再次据理力争，说如果现在攻打两部羌人，叛首先零羌必全力营救，从而促使羌人内部加强团结，反而遂了先零羌的心愿。且现在羌人马匹正肥，战斗力强劲，我军劳师远征，他们以逸待劳，贸然进兵，实在看不到什么利益。反复比较利弊后，汉宣帝最终同意了他的计划。

按照计划，赵充国直抵先零羌所在地区，采取追而不击战略，使先零羌陷于湟水之中，损失惨重大败而逃。进军途中经过后羌部落时，赵充国命令不得侵扰，后羌由此得知汉军并不与其为敌，从而在其首领靡忘的带领下，归附了汉朝。赵充国取得了解决先零羌问题的首战大捷。

因为实际情况复杂多变，解决先零羌问题，并不是身处千里之外的汉宣帝一厢情愿就能办到的。在一线担任最高指挥官的赵充国，就很好地发挥了作为一名部属应有的作用。在调查了解实情的基础上，向汉宣帝提出了解决方案，他深入分析了各种方案利弊，而不是简单地向汉宣帝请示该怎么办。特别是在汉宣帝发表自己的意见后，赵充国甚至冒着顶撞汉宣帝，可能遭受处罚的风险，坚持自己的方案，这是难能可贵的。之所以做到这一点，用赵充国自己的话说，就是忠心为国着想，誓死也要坚持自己的意见。从赵充国的身上，我们看到作为部属，必须要有善于解决问题的主见和敢于坚持真理的担当，而作为管理者，也绝不能固执己见，用权力压制真理。

第二个规则：凡事第二次做，绝不能把过去的做法照搬照抄，必须在第一次做的基础上，有所创新和突破

古希腊哲学家赫拉克利特说："人不能两次踏进同一条河流。"在工作中特别是在遇到类似的事情时，部属们会有一个惯性思维，心想这件事以前都是这么做的，我今天也这么做，就不会有太大问题。殊不知，这是管理者们非常不愿意看到和听到的。试想一下，内外部环境不断发生变化，即使完全相同的事情，因为所处环境不同，需要考虑的因素也不同，哪能按照同一个方法做呢？如果不动脑筋，还是按照过去的方法去做，只能说明这个部属对工作不用心。

还是以赵充国处理羌人事务为例。汉宣帝虽然同意了赵充国将主要打击力量瞄准叛首先零羌，并缓些进攻的计划，但由于近6万的大军，花费实在太多，朝廷不堪重负。于是汉宣帝又下令，让破羌将军辛武贤、强弩将军许延寿率兵前往赵充国屯兵之处，要求他们于12月会合，之后迅速进攻先零羌。

接到汉宣帝的命令，赵充国再次进行了冷静思考。第一次攻打先零羌并取得大捷，其最重要的意义，就在于削弱了其实力、以阻止其联合各部族羌人共同反抗汉朝的意图。那么，这第二次攻打先零羌，意义是什么呢？难道还是削弱其实力吗？如果还停留在这个目的上，这第二次攻打还有什么意思？但是，如果不攻打的话，又该如何对上面对皇帝的责问，对下面对这6万大军庞大的粮草消耗呢？

关键时刻，赵充国显示了一名老将独有的眼光和气魄。他精准地看到，先零羌人已是强弩之末，只要假以时日，完全可以不攻自破，从而在不费一兵一卒的情况下，实现羌人问题的彻底解决。于是，他对汉宣帝说："我率领的将士、马牛食用的粮食、草料须大范围从各处调集，羌乱长久不能解除，则徭役不会止息，又恐发生其他变故，为陛下增添忧虑，确实不是克敌制胜的上策。况且，对羌人的反叛，用智谋瓦解较容易，用武力镇压较难，所以我认为进攻不是上策。"赵充国据此向汉宣帝建议，撤除骑兵，留步兵十万人，分别屯住在要害地区，开展屯田。经过反复讨论，最终汉宣帝同意了赵充国的方案。

方案实施不到一年，整个羌人部落共计5万人，其中前后被斩首的有7600人，投降31200人，在黄河、湟水中淹死及饿死的五六千人，剩下的跟随其首领逃亡的不过4000人，并且已归顺的后羌人首领靡忘表示完全可以擒获这些人。汉宣帝批准赵充国的屯田部队返回，羌人部落叛乱的问题得到了根本解决。

赵充国为什么会取得成功呢？就是因为赵充国没有简单地用过去的方法办事。他深知，一味地攻打追击并不能从根本上解决问题，只有针对新的情况，平战结合，才能既最大限度地减轻朝廷的负担，又对羌人形成有力震慑。

赵充国的这一深谋远虑，使一向谨慎挑剔的汉宣帝也不得不服。起先，汉宣帝让大臣们讨论赵充国的方案时，认为他正确的只有十分之三，后来增加到了十分之五，最后到了十分之八。这些不得不说都是作为部属的赵充国能够始终坚持创新突破，力求把事情处理得更为合理的结果。在一个团队中，确实需要像赵充国这样不计较个人得失的人，也更需要为了达到最佳目的，不断改进、提升、创新的人。毕竟，组织还是要把实现最终目标为第一要务的，光有忠诚，事情干不成，不是组织的应有之义。

第三个规则：直接交代的事必须有回音，非直接交代的事，部属可以选择汇报还是不汇报，但后果得自负

有效的管理者，其实就是能及时获得回馈的管理者。对管理者提出的问题，部属能够及时负责任地回馈，便是一个有效的部属。

这一点赵充国就做得非常好，汉宣帝有什么要求，不管同意还是不同意，自己都及时地把情况汇报。俗语说："将在外，君命有所不受。"在赵充国身上，我们是没有看到这种情况的。历史上，真正因身在外而不受君命的人少之又少，且好多事后都被以各种理由追究责任，实在得不偿失。组织是一个集群，需要凝聚上下共识来共同实现目标，如果基本信息不通，上下各行其是，必然导致力量分散、离心离德，组织的功能将难以有效发挥。

还有一种情况，就是部属们也会经常遇到非直接管理者提出的问题、布置的工作，有的部属干脆拒绝，说有啥事找直接管我的人，他同意了我才能办。也有的部属，担心得罪人，对别人交给的活，既不拒绝也不向直接管理者报告，结果弄得自己很累，免不了有时候自己的直接管理者知道了还有意见，该怎么办？

实际上这两种做法均不可取。基本的原则是，如果涉及自己职责范围内的事，则无论事情大小，都应向直接管理者报告，因为这事关组织原则与规矩。还有一些与职责无关的事，只是举手之劳，则无须报告，当然，对非直接管理者交代的事，也要量力而行，不能过多占用精力，更不能以此为借口，拖延或降低自己职责范围内工作的质量，否则，自己就应该对后果负责。

这三个必须向部属讲明的规矩，其实不仅是讲给部属的，管理者自己就得率先遵守。对上级管理者来说，管理者也是部属，你做得怎么样，你的部属们看在眼里，他们也会这么去做，所以要以身作则。同时，对违反这三条规矩的人，也必须坚决处理，不能搞下不为例。如此，部属们才会觉得，这三条规矩不是针对我们哪一个人的，出了问题不能怨管理者，只能怨自己。有了这样的心理认同，何愁部属们不会安心工作呢？

▍留有余地才能让人心安

老子在《道德经》里有一句话,叫"物壮则老,是谓不道,不道早已",意思是说,事物过于强大,紧接着也就到即将衰败的阶段了,这是不遵循道的结果。而道在这里代表的就是自然法则。而不符合道的事务或人,则很快就会走向消亡。在管理实践中,有的管理者不太考虑所处团队的实情,做人做事不留余地。对待部属犯点小错就严加训斥,安排起工作来不管白天黑夜还是周末假日,时常让大家临近极限运行工作。身处这样一个环境,部属们时刻都处于一种紧张的情绪中,总是担心一旦这个事干得不好,领导又该发火了!结果造成在工作中畏首畏尾,把不出错当作自保的前提,而不是把努力创造、创新业绩作为想事干事的起点。可想而知,这样的一个团队,何来卓越的战斗力和创造力?另外一方面,对管理者自身而言,由于部属们经常处于他的高压政策之下,不安的情绪必然导致不满,以致上下级之间关系紧张。这种情况恐怕也是管理者始料不及的。

《资治通鉴》里有这么一个故事:

汉武帝时,山东临淄有一个读书人叫主父偃。因家境贫寒,经常饱受族人、亲戚的欺侮,在家乡,儒生们容不下他;在燕赵和中山等地,王侯官府和学者们不把他当回事;在京城,"诸侯宾客多厌之",窘迫之境实在是无以言表。

所谓"三十年河东,三十年河西",后来,主父偃因为献策给汉武帝,受到了汉武帝的赏识,便做起官来。成了大人物的主父偃,原本该心怀感恩,小心谨慎地努力工作才是。但主父偃不这么想,可能他觉得自己过去受的委屈太多了,一旦权力在手,便要把往日失去的东西统统补回来。

主父偃弥补损失的第一招是大肆收受贿赂。当时的朝中大臣们因担心主父偃向皇帝揭露他们的不是，纷纷向他行贿，而他则来者不拒，"赂遗累千金"。有人劝他不要太过分，他则说："臣结发游学四十余年，身不得遂，亲不以为子，昆弟不由，宾客弃我，我厄日久矣。大丈夫生不五鼎食，死则五鼎烹耳！"这一段话算是道出了他的心声。确实，落魄时姥姥不疼、舅舅不爱的经历，是他不堪回首的记忆，但也成了他做人做事不留余地、睚眦必报的潜因。

弥补损失的第二招，是与旧交绝交。元朔二年（公元前127年），主父偃到齐地任相国。初到任，就把自家兄弟和宾客都招来，先发给他们500金，又翻起历史旧账来，一个一个数落斥责，然后宣布与这些人绝交。事情做得不留任何余地，让所有人都目瞪口呆，他自己则很开心得意。

这件事后，主父偃又把算账对象对准了曾对他冷眼相待的诸侯。早年的各国游历使他对诸侯的底细很清楚，因此清算他们可谓轻车熟路。第一板子先打向了燕王。燕王刘定国不曾礼遇他，于是他向汉武帝添油加醋，揭发了刘定国。刘定国害怕问罪，只得自杀。燕王死后，他第二板子打向了齐王刘次昌。因刘次昌不肯娶他的女儿，他怀恨在心，对汉武帝说，齐国国富民强，应当派自己人去管理齐国，才能防患于未然。于是汉武帝便任命他做齐国宰相，去监视齐王。主父偃到了齐国后，便开始捏造刘次昌的罪名，并拘禁刘次昌，严刑逼供。刘次昌经不住折磨，竟吓得自杀身亡。

短短时间内，两位诸侯相继因主父偃而死，诸侯坐立难安。毕竟哪一个都不干净，所以，他们很害怕会成为主父偃打击报复的下一个对象。赵王看准主父偃离京的空隙，向汉武帝告了一状。汉武帝虽然欣赏主父偃的才华，但对他这种做人做事不留余地，报复心太重的行为非常反感。收到赵王状告后，汉武帝让人把主父偃关进了监狱，但并不想杀他。那些平时饱受主父偃淫威的大臣不干了，他们坚决地向汉武帝表示，不杀主父偃就没办法向天下人交代。汉武帝无奈之下只有杀了主父偃，那些和他绝交的族人也没有幸免。

主父偃在很短的时间飞黄腾达，旋即如流星一样瞬间泯灭，当然是他咎由自取的结果。但通过他的故事，我们能得到哪些启示呢？

第一，做人做事，不要把话说满

这个世界有太多的不确定性。把话说得太满，就意味着把自己的退路也堵死了。特别是在复杂的竞争环境中，一旦把话说满，就会让人抓到你的短处。如果对方是朋友，至多只会认为你高傲；如果对方是竞争对手或者别有用心的人，恐怕就会认为你狂妄，由此对你敬而远之甚至深加防范。

导致主父偃悲剧的一个重要原因，就是他把话说得太满了。面对他人的好心劝告，居然说出"大丈夫生不五鼎食，死则五鼎烹耳!"这样的话，就是明白告诉别人，我主父偃就是与众不同，活着如果不能锦衣玉食的话，还不如让人用锅把自己煮了呢？借此大开受贿索贿之门，对送来的金钱来者不拒。这就有点疯狂了。他这句话，实际上也把自己绑架了，以至于以后不收的话都会觉得不好意思。殊不知，正是这样的想法，把自己一步一步送上了不归之路。

孔子讲，君子有"四勿"，即勿意、勿必、勿固、勿我。凡事不要想当然，不要以为自己一定会怎么样，不要固守己见，也不要凡事以我为中心，认为我说的就一定是正确的。"四勿"的本质，就是"无可无不可"，就是任何事情并不是绝对地可行或不可行，一定要根据具体情况的变化来决定。把话说满了，就是放弃了"四勿"，放弃了根据实际情况不断调整变化的可能，这在管理行为中是万万要不得的。

东西方的管理文化差异中，有一个值得注意的现象就是：美国人崇尚希腊文化，他们崇拜英雄，发展成了奥林匹克式的管理者，你强就OK，说什么都行；日本人自称大和民族，所谓大就是太，和就是顺。在管理中，讲究太顺，太顺的结果就是愚忠。所以在日本企业中，下级对上级绝对忠诚，上级任何时候说一不二，下属哪怕明知不对也会听从。

我们中国人的管理文化则是，既不喜欢个人英雄，也不喜欢愚忠的属下。当英雄风头太劲，别人必会找机会把他灭掉。而愚忠则可能导致盲从，可能使管理者及部属都会受害；我们讲究的是循道而为，也就是说管理要中庸，不管是上位者还是部属，大家都感到相处愉快，合理化才是正道。把话说满了，实际上就是把自己当成英雄，不把别人的感受放在眼里。试想一下，你在位时候有权有势姑且算英雄，一旦失去权势，还能当这个"英雄"吗？且以英雄自居，其结果必然导致众人的竞相防范抵制，盛久必衰。当然，作为一名管理者，也不能没有原则。只是在执行原则的时候不要把话说得太满，让大家在执行你的决定的时候都有回旋的余地，这才是适应中国人管理的正道。

第二，不要把事做绝

把事情做绝，这是导致主父偃悲剧的原因之二。清代学者石成金在《传家宝》中记载了"看写缘簿"的故事，道尽了人情冷暖。说有一名军士，一天穿着布衣到寺庙游览。僧人见他的打扮，认为他就是普通百姓，不免露出轻视之意。军士见了，就有想试试这僧人之意，于是对他说："我见尔寺中，也甚淡薄，若少甚修造，可取缘簿来，我好写布施。"僧人一听，大喜，连忙取缘簿过来，军士才写下"总督部院"四个字，僧人就扑通一下跪到地上，以为这来人是个大官，可不敢怠慢了。军士接着写下"标下左营官兵"，僧人一看，有点恼了，哦，原来只是个小兵士啊，立马站起来了。只见军士又挥笔写道："喜施三十"，僧人以为要捐三十金，扑通一下又跪下了。军士没搭理他，接着又写下"文钱"，僧人一看，立马又站起来，心想你逗我玩呢，什么人啊？故事写到这里，石成金自加了一段批语："此僧先不礼貌，因无钱；后甚恭敬，因有钱。先一跪，为畏势；后一跪，为图利。世人都是如此，岂不可叹！"

其实，世人本是如此，只可惜如主父偃这样的人太多，对世间看不清，做事太较真，以至于为此抛却了亲情友情。殊不知，虽说势利本是人之常情，但生我者父母，伴我者兄弟。他在担任齐国相国后，立马宣布与族人绝交，断绝了与家人的往来。掌权后，就不遗余力地收拾落魄时不待见他的燕王、齐王等，简单说是看不清人情冷暖，实际上还是他心胸不够广阔，器量太小，把事做得太绝，以致诸侯人人自危，其结果也就可想而知了。

河南巩义有座康氏庄园，因慈禧赐名"康百万"而名扬天下，也称"康百万庄园"。人常说富不过三代，但这个康氏家族却兴旺了400年之久。鼎盛时期，民间称其"头枕泾阳、西安，脚踏临沂、济南；马跑千里不吃别家草，人行千里尽是康家田！"说起康家多年不衰的原因，就是凡事都留有余地，从不把事做绝。

康家有一块很有名的"留余匾"，上面写着他们的家训，也是这个家族多年不衰的密码。《留余匾》共174个字。主要意思是说：凡事要留有余地，不把技巧使尽以还给造物主；凡事要留有余地，不把俸禄得尽以还给朝廷；凡事要留有余地，不把财务占尽以还给老百姓；凡事要留有余地，不把福分享尽以留给后代子孙。康百万的后代子孙遵守这个家训，兴旺了好几代，而其后来之所以衰败，也恰恰是违背了这一祖训。

在管理工作中，不管是对合作伙伴还是管理对象，管理者都需要有换位思考的意识。当别人犯了错误甚至冒犯自己时，你在批评他人或者采取制约措施时，一定要牢记不要把事做绝。否则，不仅被批评的人会彻底与你决裂，那些你身边的人由此也会失望并疏远你，一个没有人情味、做事太绝的管理者是不可能得到大家发自内心尊重的。须知，给别人留有余地，也就是给自己留有余地。

第三，不要把名利占尽

这是主父偃人生悲剧的原因之三。在京城为官，他占尽同僚的好处，大肆收取贿赂。在齐国任相，他弄权耍威，先后逼死齐王、燕王，占尽威名之利。占尽利益的结果，就是天怒人怨，不仅王爷们反对他，同僚们也反对他，所以一有机会便将他置于死地。

作为管理者来说，要时刻铭记的是：不与上级争名，不与同级争权，不与下级争利。因为不争，大家才不会把你当作威胁，从而与你安心共事。历史学家钱穆先生有一句话：中国历史上，作为领袖的，太多英雄表现，就不易成事业。在中国人的事业观中，都是以公共利益最大化为重，集团中的管理者，不宜表现英雄主义。所以我们看《西游记》《水浒传》《三国演义》这些名著就可发现，孙悟空神通广大，猪八戒、沙和尚都略有本事，但只有看似最无能的唐僧，才能够带领他们完成西天取经的使命；梁山泊一百零八条好汉，个个本领高强，但武艺并不高强的宋江，却能把他们管得服服帖帖；曹操手下猛将如云、谋臣如雨，但他们都唯曹操马首是瞻，任其驱驰，毫无怨言。

这是为什么？因为唐僧、宋江、曹操等人，共有的特点就是心胸宽广，能容人。不与部下争名利，不以大英雄自居，尊重别人的长处，才能团结和凝聚这帮人，为了共同目标努力奋斗。试想一下，如果唐僧、宋江、曹操等人，每一件事上都要争强好胜，自私自利，谁还能够忠心耿耿地辅助你做事呢？这是我们从主父偃人生悲剧中应该吸取的深刻教训。

知人容人才能安人

对管理者来说，全方位地了解你的部属，能够容忍他的无心之失，是管理的一个基本功。知人不能容人，不是真正的知人。容人而不知人，偏离了容的目的，也不是真正的容人。要做到知人，就须清晰明白部属的长处在哪里，并提供合适的机会，让其能够得展所长。同时也须了解他能力的缺失之处，安排事情时才能防患于未然。处于高位不能知人容人，自然也不能安人。试想一下，在一个团队中，如果管理者不能发挥部属的长处，反而总是对他们的无心之失揪住不放，这样的管理怎能使人心安？

《资治通鉴》里有这么一个故事：

安史之乱后，唐朝陷入藩镇割据。各路节度使拥兵自重，对中央政权构成极大威胁。公元783年，叛军朱泚围困唐德宗于奉天城。经大将李怀光拼命抵抗，唐德宗方才转危为安。各路节度使见状，更加心怀叵测，伺机独立。怎样从根本上扭转这个局势，不仅事关国家命运，还关乎唐德宗本人的身家性命。在大臣劝谏下，唐德宗不得已颁布罪己诏。诏书下达后，各路节度使纷纷援助，叛军朱泚如过街老鼠一样，被人四处喊打，朝廷随即转危为安。这个诏书到底说了什么，竟会产生如此大的效力呢？

在诏书中，唐德宗坦言了由于久居深宫，以致恩泽不能普施于人民，民情不能上达于朝廷，国家因此遭受了战争之乱，百姓和将士们都饱受征战之苦，对此他深表自责。此举，赢得了大臣和百姓们的谅解同情。而对那些驻守藩镇有不臣之心的李希烈、田悦、王武俊、李纳等人，德宗在肯定他们功劳的同时，还承认自己管理无方。对叛军朱泚的哥哥朱滔，德宗说只要他归顺朝廷，既往不咎，这表明了容忍忠臣的气度。至于那些被兵乱裹挟进来的将士、官吏等人，只要向朝廷投诚，全部赦免。同时宣布各军、各道赶赴奉天和进军收复京城的将士，一概赐名"奉天定难功臣"，这是对大众民心的了解和包容。通过分清敌我界限，让那些处于叛乱边缘的人得以退出。这种知人、容人的行为，让当时心思各异的几类人都认为皇帝了解自己，所以这个领导者还是可承认和拥护的。所以诏书下达后，各地人心大为欢悦，"虽骄将悍卒闻之，无不感激挥涕"。王武俊、田悦、李纳见到诏书后，都自己免去王的称号，上表认罪。叛乱顺利平定。

在整个晚唐时期，对中央政权的一个最大挑战，就是如何预防和处理好节度使的叛乱。作为中央政权的最高管理者——皇帝的角色可谓举足轻重。对朱泚、李希烈的叛乱，当然不是唐德宗的一封诏书就可轻松解决的事。但不容否认，因为这封诏书，在当时条件下起到了非常好的瓦解敌军、激励士气、鼓舞人心的作用，为唐王朝争取到了尤为可贵的军心和民心，从而决定了后来战争的走势。它所展示出的唐德宗知人容人的本事确实值得我们学习。

那么，从这封诏书中，我们可以悟到管理中哪些知人容人的道理呢？

第一，知人先得知己。要认识他人首先得认识自己

久居深宫之中，追求享受，不察实情，以致鱼朝恩、卢杞等奸臣当道，忠臣受挤，骄将失控，最后导致狼烟四起。承认自己有罪这绝不是唐德宗的推脱谦让之辞，而是对自我清醒的认知。如若不然，把责任全部归结到部属们的不忠诚，既不实事求是，也非明智之举，是不可能让将士们都感激涕零的。

管理的最高境界不是完满而是和谐。怎样做到和谐？作为管理者，就是要懂得圆通而不是圆滑的艺术。所谓圆通，就是在清醒认识自我的基础上，能够根据他人的需求变化不断改变自己。

北京的潭柘寺里面有个圆通殿，里面供奉的除了观世音菩萨的本身像外，两旁还排列着观世音菩萨的32种化身像，合称"观音三十三身"。为什么要弄个三十三身，以观世音菩萨的法力，一个本身像不就足够了吗？

据佛经的说法，观世音菩萨深知不同的众生，层次不同、环境不同，要教化他们，就需要以他们能够理解接受的方式，随机呈现法身。所以，观音菩萨选择了佛身、菩萨身、人身、非人身，共33种化身来进行随机应化，这就是圆通，也即"思维敏捷、无障碍"之意。因为他深知自己的使命就是普度众生，众生虽然平等但情势各有差异，要度化他们就得随时改变自己以求和谐圆通，这样普通的民众才能认可他的理念和精神，才能得到感化从而弃恶从善。

唐德宗采用的自我认识的方式与菩萨有异曲同工之妙。人对自我的认知是多方面的，在社会生活中，这种认知只有与对方建立起有效的联结才会更有意义。观世音菩萨根据不同的应身面对众生的不同选择，唐德宗根据所面对的骄兵悍将、国破民难的情势，选择了自我批评、揽过于己，推恩于人的方式，本质上也是根据需要，对自己进行的一种认知反省。在当时形势下，能够缓解紧张局势，迅速与将士及百姓建立起联结，从而赢得他们的理解和支持，这无疑是最有效的救国路径。因此，所谓对自我清醒的认知，就是要明白自己有什么优势，想达到什么目的，怎样才能达到目的。这些问题想明白了，才能够找到让部属们心安的沟通方式，从而确保管理目标的实现。

第二，知人就是要正确对待他人的过错

人非圣贤，孰能无过？总是盯住部属的过错，对他们的功绩、长处视而不见，久而久之，只会让部属们寒心！一旦生起这样的心态，整个团队就不可能做到心安，更别提同甘共苦、共赴时艰了。

唐德宗的这封罪己诏的第二部分，就是肯定了这些持观望态度大臣的功勋，让这些人认识到领导还是明智之人。其实，李希烈、朱滔、朱泚等人，他们要么曾经是帮助唐王朝平定安史之乱的功臣，要么是名重一时的贤臣，只不过因为唐德宗重用宦官小人，身陷猜忌无以自保，加上朝廷驾驭无方，才走上反叛之路。皇帝能清醒认识到这些人在朝廷中的作用和能力，自然得到了这些人的忠心。作为一名管理者，如果总是把部属的过错放在眼里，常常觉得这个也不行，那个也无能，常感叹自己很不幸，怎么碰上了这样的部属？那么，其结果必然是陷入孤家寡人无人可用的境地，部属也会人人自危，何谈实现管理目标？所以，聪明的管理者，应该把部属的长处时时刻刻放在眼里，经常看到他们的优点，安排任务时让每个人能够人尽其才，发挥他们的优点。这样才能让部属有一种遇到伯乐的感恩之心。同时，把部属的过错和不足放在心里，做到心里有数、防患于未然，有错了也为他们找一个合理的台阶，注重私下劝导，让他们有改过提升的机会，这才是合乎人性的管理之道。

有"日本的爱迪生"之称的索尼公司创始人盛田昭夫就深谙此道。有一次，在与中下级管理者共进晚餐时，他发现一个小伙子心神不定。于是，他找到一个僻静处，鼓励小伙子把心里话说出来。几杯酒下肚后，小伙子打开了话匣子："在我加入索尼公司以前，我认为这是家了不起的公司，也是唯一我想加入的公司。但是我的职位低下，我为上司某某先生卖命，但不是为索尼公司。我的上司就是公司，他就代表着公司本身。他是个草包，然而我所做或建议的每一件事情，都必须由他决定。我对我在索尼公司的前途感到失望。"

众所周知，精神不在状态、随意否定直接上级等都是管理者们比较反感的行为，特别是对日本企业而言，层级森严、讲究服从更是他们的传统。一般人可能就此认为这小伙子惨了，老大听了肯定不高兴，少不了要训一顿。哪知盛田昭夫不仅没生气，反而作出了一个决定：每周发行一份公司内部周刊，上面刊载各单位、各部门职位空缺信息。这样一来，大家都有了重新选择自己上司的机会。那些有能力的、冲劲大而跃跃欲试的人，每隔两年就可调动到新的或相关岗位，整个索尼公司的人气由此大涨。

盛田昭夫的做法启示我们，要正确对待部属的过错或不当言行，用理解、沟通代替批评、指责，善于从错误中发现促进管理改善的先机。毕竟只有容忍不同的行为，才能听到不同的意见；只有听到不同的意见，才能得出更为高明的结论；只有得出更为高明的结论，才能减少公司犯错的风险。

第三，知人还要容人。

正确对待部属们的过错只是第一步，更重要的是，要在清醒认识他们过错性质的基础上，给一条出路，这就是容人。对伺机反叛的李希烈、王武俊、田悦、李纳等人，以及被朱泚裹挟反叛的将士、官员、百姓等，唐德宗就采用了这样的方法。犯了错不要紧，只要改过了，一律既往不咎。这就体现了容人的大度。要知道，历朝历代凡是觊觎最高权力的人，只要被安上谋反的罪名，都要诛九族，更何况李希烈等人已构成了事实上的谋反。要做出赦免决定，对唐德宗而言绝不是件轻松的事。那么，在管理行为中，怎样才能做好这个"容"呢？有以下六个途径：

一是合理表达对部属的关怀。部属也是人，在单位他是部属，在家里他可能就是顶梁柱，总会有一些必须只有他自己才能处理的私事难事。作为管理者，就要懂得合理关怀，适当照顾。不能对其部属的困难不理不睬，要有人情味，部属们才会安心跟着你走。

二是要明确职责。关心关怀不是无原则的，部属们如果不能坚守并认真履行自己的职责，最终受伤的，是包括部属和管理者在内的整个团队。只有大家各负其责，才能共同防御好组织面临的风险，协力完成团队的使命。

三是要讲明工作的要求与标准。明确告诉部属们要做何事，何时完成，要达到什么样的要求。只有这样，才能让大家方向明确地工作，不能以其昏昏，使其昭昭，让部属们整天瞎猜，这是管理者的大忌。

四是要力求和谐沟通。在部属们干活的全过程中，要始终保持良好和谐的沟通。要达到管理目标，必须实行一定的控制。控制的目的并不是要把部属们管得死死的，而是对行为与目标之间的差距进行及时纠偏。这时候，让部属们理解自己的良苦用心至关重要，否则，部属们认为你总是不放心我，我再卖力又有什么意思。

五是要时刻保持公平心。所谓公平，一定是机会公平，而不可能是结果公平。这正如唐德宗对那些被裹挟到叛军阵营中的将士、官吏和百姓等给的政策一样，只要在官军收复长安前投降，人人都有机会不受追究。至于投不投降，那就由个人自己决定了。这样的政策，就会让大家吃个定心丸，不会纠结如果我投降了，会不会对我下手，从而极大程度地安定了那些想投降的人的心。

六是要做到言而有信。说到一定要做到，做不到的千万不要说，并且对说到的承诺要有明确的兑现时间表，只有这样，才会牢固树立管理者的威信，部属们才会知道这个"容"是真"容"而不是假"容"，否则的话，还不如不"容"。

第四，容人也要明确界限

并不是所有的过错都值得包容，能够包容的只能是无心之错或被迫之错，对初犯、从犯的、被迫犯的，只要勇于认错，积极改正，可以视情况不处罚或者轻处罚，这样大家才会安心地干事。而那些严重违纪违法、存心要犯错的人，则绝不能轻易放过，否则可能会使其小视犯错成本酿成更大错误，也会给其他人不好的示范。唐德宗坚决不赦免朱泚也正是此意。一个组织，必须要有自己的规矩和底线，这是作为管理者必须要守护好的东西，要容人，也应该是在规矩和底线基础上的容人，只有这样的包容，才可能打动人心、持续长久，从而使团队焕发出无穷的战斗力。

参考书籍

1. 司马光. 资治通鉴. 北京：中国书店，2011.
2. 姜鹏. 德政之要：资治通鉴中的智慧. 上海：人民出版社，2015.
3. 姜鹏. 帝王教科书. 北京：西苑出版社，2014.
4. 陈春花. 管理的常识：让管理发挥绩效的8个基本概念（修订版）. 北京：机械工业出版社，2016.
5. 曾仕强. 中国式管理. 北京：中国社会科学出版社，2003.
6. 曾仁强，刘君政. 领导的真功夫. 北京：北京联合出版公司，2011.
7. 李凯城. 向毛泽东学管理. 北京：当代中国出版社，2010.
8. 吉姆·柯林斯,杰里·I. 波勒斯. 基业长青. 北京：中信出版社，2002.
9. 彼得·德鲁克. 卓有成效的管理者. 北京：机械工业出版社，2005.
10. 彼得·德鲁克,约瑟夫·马恰列洛. 德鲁克日志. 上海：译文出版社，2006.
11. 吴维库，富萍萍，刘军. 基于价值观的领导. 北京：经济科学出版社会，2002.
12. 杰克·韦尔奇. 赢. 北京：中信出版社，2005.
13. 哈佛商学院管理与MBA案例全书. 北京：中央编译出版社，2017.

后 记

犹豫了很久，要不要为这本书写个后记。每次决定要画上句号的时，总感到还有许多东西未说出。确实，对于《资治通鉴》这部博大精深的经典来说，以我们现在的阅历和思维，所能悟到的管理智慧也只能是冰山一角。每一次重读，仿佛又有一个全新的领悟。所以，这篇后记，只能算是一个阶段性的学习总结。毕竟，在学思践悟《资治通鉴》的道路上，注定了是一场只有起点而没有终点的旅程。

历史是一面镜子。在《资治通鉴》所展现的中华民族1300多年的风云变幻中，所有的兴衰成败，都在印证"得道多助，失道寡助"的道理。什么是管理的"道"呢？千人千法，万人万面，从来没有约定俗成的一成不变的方式和方法。老子的说法是"人法地，地法天，天法道，道法自然"。自然是道的本质属性，尽管我们看不到、听不到，但这并不代表道不存在。当人们的行为不顺应大道时，它就会给我们降下严厉的惩罚，这是我们在读完《资治通鉴》后最深刻的体会。为什么是这样？因为《资治通鉴》所包含的管理之道，是顺应大道的道。这个道，不仅在过去1300多年的历史中起作用，而且还在当今的行政管理和企业管理中，同样起着作用。

感谢朋友们，是你们的支持与鼓励，使我们坚定信心，不惧粗陋，把自己的所思所悟拿出来与大家分享，同时，更要感谢将此书付梓出版的中国商业出版社，他们深厚的专业素养、精细的工作作风，为本书增色不少。还要感谢这些年来和我一起战斗过的团队，在工作中我们所共同面对的问题，都成了启迪我深入思考的切入点。其实，我们在本书中所能够悟到的一些智慧，无一例外都是从历史中得到启迪，然后针对现实问题的深入思考或解决方案。最后，我还要感谢我亲爱的妻子易瑾超博士，她在鼓励我们父子完成本书编撰的同时，也全力参与进来，从不同的角度为本书提出了许多颇有见地的修改意见，并承担了初步的校对。

  初探《资治通鉴》，能力水平毕竟有限，未免有错漏之处，恳请各位读者批评指正，在此一并致谢。

作者